VIE

DE LA RÉVÉRENDE MÈRE

LOUISE CAROLINE GOT

TYPOGRAPHIE FIRMIN-DIDOT ET Cie. — MESNIL (EURE).

Caroline GOT

Décédée le 27 Mars 1898

VIE

DE LA RÉVÉRENDE MÈRE

LOUISE CAROLINE GOT

DEUXIÈME SUPÉRIEURE GÉNÉRALE

de la Société de la Croix

à Saint-Quentin (Aisne)

PAR UNE RELIGIEUSE DE LA MÊME COMMUNAUTÉ

A la gloire de Jésus crucifié.

PARIS

LIBRAIRIE VICTOR LECOFFRE

RUE BONAPARTE, 90

—

1900

AUX ANCIENNES ÉLÈVES

DE LA CROIX

A peine la tombe de la Révérende Mère Got était-elle fermée qu'un désir sorti de vos cœurs reconnaissants, nous était exprimé avec chaleur. « Quelle vie! dites-vous avec admiration. N'y aura-t-il donc personne pour la mettre en lumière? » Et dans un élan touchant et spontané, vous vous unissiez pour contribuer à cette œuvre de piété filiale. Répondre à votre attente, chères enfants, est doux à nos cœurs; la satisfaire est plus difficile. Sans doute, elle a été riche et féconde cette vie de notre chère Supérieure générale; mais la modestie et le silence ont jeté un voile épais sur grand nombre de ses actes; au point qu'une de vous s'est alarmée, craignant qu'on ne respectât pas cette humilité si profonde : « Croyez-vous, nous disait-elle, que si la R. Mère était là, elle serait contente? » Crainte délicate qui ne peut paralyser le désir de glorifier Dieu en honorant sa fidèle Épouse. Tant de vertus peuvent édifier les âmes, les entraîner au bien! n'en est-ce pas assez pour que nous fassions parler notre chère défunte, même après sa mort?...

Votre indulgence et votre affection sont là pour nous encourager, nous assurer de l'accueil que vous voudrez bien faire à ce travail, quelque imperfection que vous y trouviez.

O Mère! du haut du Ciel, aidez-nous, bénissez-nous et, pour la première fois, ne nous empêchez pas de vous payer un juste tribut de louanges et d'amour.

Saint-Quentin, 14 septembre 1899,
en la fête de l'Exaltation de la Croix.

VIE

DE LA

R. MÈRE LOUISE-CAROLINE GOT

DEUXIÈME SUPÉRIEURE GÉNÉRALE DE LA SOCIÉTÉ

DE LA CROIX

CHAPITRE PREMIER

DE L'ENFANCE, DE LA JEUNESSE ET DE L'ENTRÉE EN RELIGION DE LOUISE-CAROLINE GOT JUSQU'A SA NOMINATION COMME SUPÉRIEURE DE LA MAISON DE SOISSONS.

Louise-Caroline Got naquit le 20 janvier 1818, à La Fère, chef-lieu de canton du département de l'Aisne.

Son grand-père, M. Noël Got, dont la famille est originaire du Perche et compte encore de nombreux descendants, avait eu quatre fils : M. François-Noël Got, aïeul de M. Edmond Got, le célèbre artiste de la Comédie Française ; 2° M. Alexis Got, membre des cinq-cents ; 3° M. Gaspard Got, juge, puis président au tribunal de commerce de la Seine ; 4° M. Gervais Got, engagé dans la carrière militaire. Ce M. Gervais Got fut père de trois enfants ; deux fils et une fille, celle dont nous écrivons la Vie.

La petite Caroline ne devait pas connaître sa mère, Mme Marie-Louise Thiberge. Aussi, dès son berceau, se vit-elle privée de la tendresse et des soins qui entourent ordinairement l'enfance.

Son père, absent presque toujours pendant une grande partie de la journée, était obligé de laisser ses enfants à la merci d'une bonne, nommée Catherine, qui prit bientôt dans la maison le rôle d'une intendante. Elle y gouvernait tout, M. Got lui-même.

Caroline avait deux frères, Louis et Charles ; l'aîné embrassa de bonne heure la carrière militaire et mourut en 1875; le second, Charles, resta plus longtemps auprès de sa sœur qu'il aimait beaucoup; mais ennuyé des déboires qu'il trouvait au foyer paternel, il s'engagea dans l'artillerie, fut nommé sous-officier au siège d'Anvers et plus tard, colonel, après la guerre de 1871. Il mourut en 1885; nous aurons occasion de reparler de lui.

Une enfant sans mère! Qui pourra dire tout ce que cette position douloureuse entraîne après soi! Les pères, même les meilleurs, quoi qu'ils fassent, peuvent-ils avoir la tendresse maternelle?

Plus la petite Caroline grandissait, plus elle sentait ce qui lui manquait. La malheureuse Catherine lui avait enlevé jusqu'au linge qui avait servi à Mme Got; elle lui laissait à peine le strict nécessaire et se plaisait même à la taquiner.

M. Got rapportait-il de Paris une belle poupée à sa petite fille qui les aimait tant, elle la lui prenait et la cachait. Était-ce une robe? il en fallait une semblable à Mlle Catherine... L'enfant ne trouvait un peu de dédommagement que dans l'affection de son frère Charles. Peu vêtue, mal nourrie, traitée avec rigueur, élevée dans l'ignorance de ses devoirs religieux, baptisée seulement huit mois après sa naissance, elle vit sa première communion différée jusqu'à l'âge de douze ans et demi! Elle racontait plus tard que, pour mieux préparer leur confession générale, elle et une petite amie qu'elle avait, s'étaient blotties dans une voiture de maraîchers, à une heure où elle était inoccupée. C'était le seul moyen qu'elles eussent trouvé d'être tranquilles!

Qui eût pu deviner alors les desseins de Dieu sur cette âme! Et cependant, c'est ainsi que, dans son amour, il la formait, à cette dure école, aux rares et solides vertus qui devaient un jour briller en elle à un si haut degré.

La mort de M. Got, arrivée en 1838, laissa ses enfants orphelins : M. Louis était parti déjà, nous l'avons dit; M. Charles prit un engagement volontaire; la jeune fille ne pouvait rester seule : elle se décida à entrer à Saint-Quentin dans un magasin de nouveautés tenu par M. Delacharlonny, l'un des plus estimables négociants de la ville. Là, Mlle Got se fit bientôt remarquer par sa diligence au travail et son entente aux affaires. Elle avait à peine dix-sept ans; la jeune fille jouissait de la liberté relative qui lui était laissée dans cette bonne maison, mais ce n'était certes pas pour en abuser.

Sa pauvre âme, si longtemps privée de Dieu, se sentait attirée vers Lui; elle se mit sous la direction ferme et sage de M. l'abbé Duclerq, alors aumônier de l'Hôtel-Dieu. Liée à une autre demoiselle du magasin, en qui elle avait bientôt reconnu d'excellentes qualités, elle s'entendait avec elle pour se faciliter mutuellement les sorties qui devaient favoriser leur piété. C'est ainsi que, sous prétexte d'une emplette à faire, elles trouvaient moyen d'aller se confesser. L'assistance à la messe du dimanche leur était facile; dans la semaine, il fallait user de petites industries dont Mme Caroline n'était jamais à court. Du reste, son caractère enjoué, son esprit naturel, lui fournissaient tout de suite le secret de sortir d'embarras.

Un 1er mai où elle avait été faire ses dévotions pour l'ouverture du mois de Marie, elle fut rencontrée à son retour par le maître de la maison. « D'où venez-vous donc à cette heure-ci, Mademoiselle? — Monsieur, je reviens de la messe; c'est aujourd'hui Saint-Philippe, ne faut-il pas prier pour le roi Louis-Philippe?... » M. Delacharlonny ne put que sourire et approuver. C'est ainsi que toujours Mlle Caroline se tirait d'affaire, et, bien plus d'une fois, la rentrée de la messe de six heures s'effectua sans que personne au logis se fût douté de rien.

La vie s'était montrée de bonne heure sous son vrai jour à la jeune fille; le monde n'avait aucun charme pour elle; se donner à Dieu, ne vivre que pour lui furent bientôt toute son ambition.

Ses regards se tournèrent vers le couvent de la Croix dont le relèvement par l'arrivée des religieuses du Dauphiné, en 1837, avait attiré l'attention générale. Mlle Got vint se présenter à la R. Mère Henriette, prévenue de sa visite par Messieurs les abbés Guyart et Duclerq.

Dès cette première entrevue, avec son regard pénétrant et son jugement droit, elle observa tout. Une religieuse qui accompagnait la vénérable supérieure, avait entre les mains le porte-monnaie d'une enfant : ceci n'échappa point à la prétendante.

De retour à l'Hôtel-Dieu, elle dit spontanément à son confesseur : « Je n'entrerai pas à la Croix. — Pourquoi donc? — Parce que pour être religieuse, je veux l'être tout à fait et pratiquer la pauvreté dans sa perfection; ces Dames ont une petite bourse et je n'en veux point avoir. » Étonné, M. l'abbé Duclerq vint s'informer auprès de la Mère générale qui le détrompa, lui fit part de la bonne impression que lui causaient cette crainte et le saint désir de Mlle Got, le priant de l'engager à revenir. Peu après en effet, la jeune fille venait demander l'entrée du Noviciat. Elle avait perdu son père quelques mois auparavant et n'avait pas vingt ans et demi; on était au 1er mai 1838.

Nous ne dirons pas que Mlle Got se présentait dans la fraîcheur de son vingt et unième printemps; la pauvre jeune fille devait longtemps se ressentir des privations que lui avait imposées sa gouvernante, et qui sait si telle n'est pas l'origine des maux d'estomac dont elle eut à souffrir toute sa vie! D'une haute taille, elle nous arrivait toute courbée par la faiblesse. Mais chez la nouvelle postulante, comme toujours plus tard, dans la religieuse, l'âme devait dominer le corps.

On l'appliqua sans délai à l'enseignement dans les classes de l'externat; l'année suivante, elle fut nommée maîtresse de l'Ouvroir, dépensière et surveillante.

On s'aperçut bientôt que la nouvelle postulante pourrait être mise à tout emploi.

Dès son postulat, elle eut à souffrir d'un esprit brouillon qui heureusement ne resta pas dans la communauté; puis elle fut peu comprise des personnes qui auraient dû au contraire lui venir en aide; elle surmonta généreusement ces premières difficultés et mérita d'être admise à la prise d'habit le 15 octobre 1838, en la fête de sainte Thérèse. N'y avait-il pas là un présage heureux de ce que serait un jour la future religieuse? N'est-il pas à croire que

1.

la grande réformatrice du Carmel lui obtint quelque chose de ses vertus, de ses dons éminents?

La cérémonie de la vêture était présidée par M. de Garsignies, le bon et vénéré supérieur de la communauté. On remarquait dans le sanctuaire un jeune officier de haute stature, à l'air martial plein de distinction, au maintien grave et recueilli. Son regard suivait avec émotion les moindres détails; il se fixait avec attendrissement sur sa sœur chérie, parée pour la dernière fois des livrées du monde. Au moment où une mèche de ses beaux cheveux tomba sous les ciseaux de l'officiant, il détourna la tête pour dissimuler les larmes qui coulèrent malgré lui sur son uniforme. Son émotion fut bien plus grande encore lorsqu'il vit sa sœur bien-aimée revenir sous la robe de bure... « Peut-être, se disait-il, n'aurait-elle pas choisi cet état si elle avait connu les jouissances du monde! Peut-être n'aurais-je pas dû l'abandonner, la laisser seule! » Et ses pleurs redoublaient.

Mais lorsqu'à la sortie de la chapelle, il retrouva sa sœur gaie, heureuse, calme et pleine d'espoir, il fut consolé. M. l'abbé de Garsignies voulut garder toute la journée M. Got qui, ayant vu alors de plus près les prêtres et les religieuses, apprit à les connaître, à les estimer et leur voua pour toujours respect et affection.

Le noviciat de sœur Got fut des plus laborieux, sous tous rapports. Pour mieux s'en rendre compte, il faut savoir qu'à cette époque, vu le petit nombre de sujets, les maîtresses étaient obligées de faire chaque jour une partie de la besogne des sœurs coadjutrices. C'étaient elles qui, le soir, en guise de récréation, balayaient les classes, à la lueur d'une petite lanterne; souvent elles allaient laver la vaisselle ou faisaient l'office de portière ou étendaient le linge à la buanderie; sœur Got était de toutes les corvées. En qualité de dépensière, c'était encore elle qui aidait à entretenir la propreté de la cuisine, à balayer les caves et les greniers aux provisions; elle qui, aux jours où la cuisinière ne fonctionnait plus bien, démontait les tuyaux et les nettoyait. Que de fois, au même titre, elle s'attribuait ce qu'il y avait de moins bien en fait de nourriture, se contentant presque toujours des restes et de ce qu'elle n'aurait pas voulu donner aux autres. On l'avait vue le jour de sa prise d'habit, quitter son frère pour aller mettre la table, laver la vaisselle et tout ranger.

En celui de sa profession, le 13 novembre 1841, la cérémonie ayant été fort longue et elle, se trouvant encore chargée de la dépense et par suite de pourvoir au repas de tous, ne put dîner qu'à trois heures de l'après-midi !

Au moral, la chère sœur, par des desseins providentiels que nous ne pouvons ni sonder, ni juger, n'était pas plus épargnée.

Son céleste Époux voulait, par les épreuves, tremper cette âme comme nulle autre, pour la préparer à la grande mission qu'elle devait remplir un jour!

En l'année 1841, lorsque la communauté eut fait l'acquisition de la maison de Baudreuil, il fallut en peu de temps déménager celle qu'on avait occupée jusque-là et procéder au prompt emménagement dans la nouvelle habitation.

Auparavant, il y avait des réparations à y faire, des travaux d'accommodement au genre de vie qu'on devait y mener. Ce fut encore sœur Got que l'on chargea de la surveillance des ouvriers.

Chaque matin, avec une sœur coadjutrice, elle venait s'installer là jusqu'au soir; il fut même des nuits qui les virent coucher n'importe comment. Leur dîner des plus frugals était toujours pris froid; la bonne dépensière en réservait la meilleure portion à sa compagne.

Un bon avis de sa part, un mot plein de bonté et de rondeur, encourageaient les hommes au travail. Tout fut dirigé et mené d'une manière si expéditive que peu de temps après, on put habiter la maison.

Le 17 août de cette année 1841, eut lieu la bénédiction de la chapelle, sous le vocable de l'Exaltation de la Croix; la première cérémonie solennelle qui suivit fut celle de la profession de trois excellents sujets, destinés à devenir les colonnes fondamentales du nouvel édifice qu'avaient élevé les religieuses du Dauphiné. Les sœurs Macé, Got et Fourny avaient fait pressentir pendant leur noviciat, tout ce que l'on pouvait en attendre et leur vie a justifié les espérances conçues alors (1).

Dès 1846, de nouvelles élections laissant l'autorité première à la R. Mère Henriette,

(1) On trouve quelques détails sur ces deux religieuses dans la Vie de la R. M. Henriette.

appelaient dans son conseil privé, la jeune Mère Got.

Depuis 1843, elle avait dû quitter l'emploi de dépensière, pour se donner tout à fait au pensionnat comme maîtresse de classe et surveillante. Elle fut successivement chargée de la troisième et de la seconde classe ; son enseignement méthodique si clair, si précis, si varié plaisait infiniment à ses élèves ; ce qu'elles goûtaient moins, peut-être, c'était la vigilance qu'elle exerçait comme surveillante ; rien ne lui échappait ; le silence et l'ordre devaient être parfaitement observés à la salle d'étude. Si pendant les récréations, la discipline était moins sévère, il n'en est pas moins vrai que rien ne pouvait tromper ces yeux toujours en éveil, ces oreilles sans cesse aux écoutes pour empêcher le mal. Du plus loin qu'elle apercevait deux élèves seules, elle allongeait deux grands doigts d'une manière significative et disait : « *Jamais deux, rarement trois…* » C'était bien suffisant ; on se séparait aussitôt ou l'on se réunissait à d'autres.

L'année 1847 apporta de nouveaux soucis à la R. Mère Supérieure. On exigeait un brevet pour toute personne destinée à l'enseignement ; il y en avait fort peu dans la communauté ; les jeunes maîtresses n'en étaient pas pourvues.

Aussitôt, la dévouée Mère Got s'offrit à compléter ses études et à se présenter aux examens. La Révérende Mère y consentit de grand cœur. On vit alors la jeune religieuse se livrer à une étude assidue dans les moments libres que lui laissaient de nombreuses occupations ; ils étaient trop rares ; elle dut prendre plus d'une fois sur son repos de la nuit.

Dieu bénit tant de dévouement : partie au mois d'août 1847 pour aller se présenter devant la commission d'Amiens, elle en revint avec son diplôme supérieur. Un trait qu'elle nous raconta donne une idée de cet esprit que rien ne déconcertait et de la franche gaieté qui disposait autrui en sa faveur.

A cette époque, il fallait, pour être jugée digne d'enseigner, posséder, outre les sciences naturelles et littéraires, des connaissances étendues sur la religion et sur l'Histoire Sainte. « Quel est le psaume 50, Mademoiselle, lui demanda tout à coup un des examinateurs ? — Mme Got eut un moment d'hésitation... « Comment, vous ne connaissez pas le psaume *Miserere ?* — Ah ! Monsieur, se hâta-t-elle de répondre, certes oui, je le connais ; je l'ai eu assez de fois pour pénitence... » On rit et l'on ne pensa guère à se montrer rigide devant cette simplicité de bon aloi.

Ce fut à la fin de cette même année 1847, que Mère Got fut appelée à prendre la direction du Pensionnat et à faire quand même, la classe supérieure. Elle se montra, dans ces nouvelles fonctions, ce qu'elle avait toujours été : pleine de zèle, de bonté, de dévouement. Sévère en général pour maintenir la discipline dans sa vigueur, elle était vraiment maternelle pour chaque enfant ; sa conduite, son travail, sa santé, ses peines, ses joies, tout la trouvait remplie d'un touchant intérêt. Aussi les élèves l'aimaient encore plus qu'elles ne la craignaient et ce n'est pas peu dire ; car lorsqu'on était en défaut, en contravention avec le règlement, il suffisait de la voir au loin pour rentrer aussitôt dans le devoir. « Chut ! disaient les petites coupables, voilà Mme Got ! »

Quels soins intelligents et délicats elle prodiguait aux élèves malades ! Quelle attention à les soustraire à tout ce qui aurait pu être nuisible à leur âme ou à leur corps ! Qui ne se souvient de sa tendre charité envers une petite fille atteinte d'une infirmité qui aurait pu la rendre désagréable à ses compagnes ou lui attirer de

Leur part quelque humiliation; elle la fit coucher près d'elle et l'entoura de sollicitude... Une mère n'aurait pu faire davantage; aussi l'enfant ne l'appelait-elle que *maman Got*.

Déjà se révélait, dans l'excellente maîtresse générale, la touchante prédilection qu'elle devait avoir toute sa vie pour les enfants sans mère. Nous aurons occasion de reparler de ces légitimes préférences; elle n'en connaissait pas d'autres.

Si Mme Got tenait à ce que le bon ordre, la soumission, le respect pour les maîtresses fussent en honneur au Pensionnat, elle voulait aussi que les élèves y connussent des charmes. Elle s'ingéniait à leur procurer d'innocents plaisirs, quelque surprise agréable.

C'est ainsi qu'à un moment où l'élevage des vers à soie faisait fureur parmi les enfants, l'un des plus gros étant mort, elle improvisa une sorte d'enterrement chinois où les cymbales, le tambour, les trompettes, jouaient des airs funèbres, tandis que les *pleureuses* vêtues de deuil, faisaient entendre un chant de circonstance. Le pauvre défunt fut inhumé solennellement dans le jardin de sa jeune maîtresse, après une pompeuse oraison funèbre prononcée par l'une des élèves.

D'autres fois, c'était une petite foire organisée par la chère maîtresse générale; les jeunes marchandes qu'elle avait habillées étaient gentilles à ravir et leur commerce, tout au profit des pauvres, des victimes d'un fléau, d'un accident quelconque, y gagnait beaucoup. La fantasmagorie, la chambre noire où l'on entrait *pour un sou*, réjouissaient tout le monde. Elle tirait parti de l'originalité de l'une de ses enfants, de l'esprit de l'autre, de l'habileté d'une troisième à rendre les scènes comiques, pour faire passer des soirées divertissantes.

Sous la direction aimée de cette excellente maîtresse générale, on travaillait, on s'amusait comme jamais. Mais Dieu la destinait à cultiver un champ plus vaste, une portion choisie de la vigne qu'Il voulait planter à l'ombre d'une nouvelle Croix dressée près d'un palais épiscopal cher à son cœur. La joie se répandait à Soissons, tandis que les larmes coulaient à Saint-Quentin.

CHAPITRE II

LA MÈRE GOT, SUPÉRIEURE A SOISSONS,
DE 1849 A 1856.

Au jour même où éclatait la Révolution de 1848, le 24 février, avait eu lieu, à Soissons, le sacre de Mgr de Garsignies. La Croix n'y perdait pas, puisqu'en son ancien supérieur, elle allait vénérer son évêque, toujours père. De plus, l'heureux choix que Sa Grandeur avait fait de M. l'abbé Guyart comme Supérieur de la Congrégation qui lui était si chère, avait rasséréné tous les cœurs de ses Filles, un moment orphelines. Depuis son élévation à l'épiscopat, Mgr de Garsignies souhaitait ardemment voir la Communauté de la Croix fonder un établissement près de lui. En 1849, il crut le moment venu de réaliser ses désirs. Il arriva soudainement à Saint-Quentin pour en conférer avec la R. Mère Henriette. Celle-ci, qui ne s'attendait guère à cette ouverture, fit bien des objections : le nombre des sujets était trop restreint ; plusieurs membres âgés ou malades pouvaient manquer d'un moment à l'autre ; les ressources pécuniaires faisaient défaut...

Monseigneur écouta, mais fut invariable dans sa résolution. « Du reste, dit-il en dernier ressort, comme pour emporter la place d'assaut, si vous ne venez pas, j'appelle une autre communauté. »

Devant cette volonté inflexible, la R. Mère, de peur de contrister celui qui s'était toujours dévoué à son œuvre, s'inclina, fit taire toutes ses craintes. La fondation fut décidée et la Mère Got en fut nommée Supérieure. Elle n'avait pas trente-deux ans.

La R. Mère Henriette s'était rendue le 4 octobre 1849, à Soissons, avec l'économe générale pour voir la maison Agier, habitée jusque-là par les Sœurs de l'Enfant-Jésus.

Après bien des pourparlers, l'acquisition en fut faite, moyennant des conditions assez onéreuses. Le 9 octobre, les Mères Got et Damay, accompagnées de deux sœurs coadjutrices, quittèrent Saint-Quentin, au milieu de bien des larmes. C'était la première fois qu'on se séparait. Cette journée mémorable du 9 octobre était en même temps celle de la rentrée des élèves du Pensionnat. Dans la crainte que le départ d'une maîtresse générale si aimée ne lui fût préjudiciable, on avait tenu secrète la nouvelle fondation. Les enfants comptaient retrouver leur bien-aimée Mme Got. Rien ne put leur faire pressentir un changement. Faisant taire tous les sentiments de la nature, dominant ses poignantes émotions, l'ex-maîtresse générale vint, comme si de rien n'était, proclamer la montée des classes et nommer leurs maîtresses respectives; après quelques mots d'encouragement, de bonnes paroles pour exciter au bien et à une parfaite docilité, Mme Got sortait de la salle d'étude pour monter presqu'aussitôt en voiture !...

Après leur dîner seulement, à l'ouverture de la récréation, les élèves apprirent la grande nouvelle... Ce fut une explosion générale de pleurs, de regrets, nous allions dire d'un vrai désespoir. La profonde affection qui unissait le Pensionnat à sa mère chérie, ne permit pas que ce chagrin fût celui d'enfants faciles à en distraire peu après. Non, la bonne Mère Got dut s'en apercevoir lorsqu'elle fit une apparition au mois de mars suivant, et surtout aux vacances de Pâques, quand elle eut la joie de recevoir à Soissons la visite de quelques-unes de ses anciennes enfants.

Rien de plus pittoresque que ce premier départ; les moyens de transport n'étaient pas aussi faciles à cette époque que de nos jours. On devait arriver tard, dans une maison vide; il fallait prévoir et se munir des choses les plus essentielles. Nos Mères aimaient à nous raconter, par la suite, qu'elles étaient parties avec leurs lanternes et d'autres objets à la main. Pour comble d'embarras, c'était aussi le jour de l'ouverture de la foire. Sans trop d'incidents néanmoins, elles arrivèrent à 9 heures du soir chez l'excellent M. Guyart où les attendaient la R. Mère Henriette et Mère Fourny.

Bientôt après, on se rendit à la maison Agier. Quelques matelas loués à la hâte, trois ou quatre chaises en composaient tout l'ameublement. Au sein de cette pauvreté qui leur rappelait Bethléem, les chères voyageuses eurent plus de plaisir que de sommeil. Le lendemain, de très bonne heure, elles étaient à la cathédrale, assistant à plusieurs messes, dont une de Mgr de Garsignies qui, après son action de grâces, les fit appeler et les présenta à ses vicaires généraux, à l'excellent chanoine M. Lefin, le premier qui, avec M. de Bully, de si sainte et si douce mémoire, avait reçu les Mères du Dauphiné à leur arrivée à Saint-Quentin.

On s'entendit pour toutes choses; il fut convenu que la clôture ne serait strictement observée que lorsque tout se trouverait organisé dans la maison; jusque-là, on pourrait, chaque matin, se rendre au saint sacrifice à la cathédrale.

Les premières difficultés disparues, la R. Mère Henriette dut reprendre le chemin qui la ramènerait à la Maison mère. C'est alors que la nouvelle supérieure locale sentit son cœur se briser sous le poids de la responsabilité qui lui incombait. Mais son âme n'était pas de nature à rester indécise ni abattue; s'oubliant comme toujours elle l'avait fait et devait le faire, elle se mit promptement à l'œuvre.

Il s'agissait de trouver en une maison vide et peu vaste, un pensionnat, une communauté, une chapelle provisoire. Les ouvriers furent appelés; ils s'aperçurent bientôt qu'ils avaient un maître dans la Supérieure qui dirigeait leurs travaux. Rien ne l'embarrassait : il n'y avait pas de table, elle enlevait les portes de leurs gonds pour en improviser et l'on dînait ainsi; on manquait d'une autre chose, elle trouvait encore un expédient, ne craignant pas de tenir la truelle ou le rabot ou la scie à son tour, si bien qu'au bout d'un mois, tout se trouva prêt; le pensionnat s'ouvrit. Mais avant la fin de l'année, la pauvre Mère était prise d'une fièvre qui devait devenir presque habituelle. Outre les fonctions de supérieure, elle avait, en cette année 1850, exercé celles de maîtresse générale et de maîtresse de classe; c'en eût été beaucoup trop pour toute autre.

2.

Au mois d'août, elle se rendit une huitaine de jours à Saint-Quentin pour sa retraite annuelle; puis elle revint le 1er septembre, afin que toutes ses filles pussent aller faire la leur aussi à la Maison mère. Seule avec une commissionnaire d'un certain âge, elle put se dépenser à son aise pour mettre tout sur un bon pied et ménager d'agréables surprises à sa petite communauté qui comptait alors une douzaine de membres.

Le 15 juillet 1851 fit époque dans les annales de Saint-Quentin et de Soissons. Sur le désir de Mgr de Garsignies, presque toute la colonie soissonnaise dut prendre le chemin de la Maison mère pour aller y fêter la R. Mère Henriette. Inutile de dire la joie de toutes. Une charmante allégorie ayant pour titre : « *La Reine du hameau* » fut représentée sur la scène; tous les cœurs n'en firent qu'un pour honorer la meilleure des Mères. Parties à quatre heures du matin, les Soissonnaises reprirent la diligence le lendemain, à neuf heures pour être chez elles à quatre heures du soir. La joie fit oublier la fatigue.

Pour la seconde fois en moins de trois ans, la Mère supérieure eut à procéder à l'installation de sa petite communauté dans une nouvelle maison. Celle qu'on habitait était devenue insuffisante. Mgr de Garsignies désirait vivement voir ses Filles de la Croix en possession d'une vaste propriété occupée alors par une partie du personnel du grand séminaire. Seulement, comme elle appartenait à l'État, il fallait lui offrir en échange une maison, de valeur au moins égale et voisine des séminaristes. On la trouva; l'échange fut agréé du Gouvernement et le 1er septembre 1852, le couvent de la Croix put entrer en jouissance de la propriété dite *des Capucins*, en raison de ses premiers hôtes.

Mais ce que nous disons ici en quelques

lignes fut l'œuvre de plus d'une année. Raconter ce que la Mère Got, secondée par ses supérieurs, fit de démarches, de lettres, les difficultés de tous genres qu'elle eut à surmonter en cette circonstance, serait impossible ; ce qu'il est moins difficile d'exprimer, c'est que la réussite de cette épineuse affaire fut due en grande partie à l'habileté, au tact, au zèle infatigable et persévérant de la bonne supérieure locale.

Non contente d'avoir assuré cet asile à ses chères filles, elle s'empressa de le rendre propre à sa nouvelle destination. Il y avait pour cela beaucoup à faire. On la vit à l'œuvre de telle sorte qu'elle laissait les ouvriers ébahis derrière elle. « *Èn v'là une cd femme,* s'écriait un jour l'un d'eux! *N'y a pas besoin d'architecte ni de patrons; elle nous commande mieux qu'eux tous, et elle ne se contente pas de dire!* » En effet, elle aidait à tous et souvent leur ouvrait la voie pour mieux faire. Toutes les

persiennes du bâtiment avaient été relé-
guées au grenier; on la vit les transporter
sur ses épaules et les remettre à leur
place; se faire tour à tour maçon, menuisier,
peintre. Elle excella surtout à préparer à
N.-S. une petite chapelle où Il dut bien la
bénir.

Tout fut mené si diligemment que les
travaux d'appropriation, commencés le 15
septembre, furent terminés assez bien pour
que le 12 et le 13 octobre on pût emména-
ger, recevoir les enfants le 14 et bénir la
chapelle le jour de la fête de sainte Thérèse.

Tout ce qui précède donne une idée de
ce qu'on pouvait attendre d'une telle Supérieure. Si nous la suivons dans le détail de
chacune de ses journées, nous la trouverons
toujours active, dévouée, se prêtant à tous
les emplois, aidant à la buanderie, à la vaisselle, à la cuisine, tantôt balayant la neige
amoncelée pendant la nuit dans de vieux
greniers, tantôt prévenant par ses soins une

inondation dans un bâtiment mal conditionné.

Aux approches de la Première Communion des élèves, la chapelle provisoire étant beaucoup trop restreinte pour la cérémonie, quelques semaines avant, l'infatigable Mère se levait vers trois heures du matin et transformait la vaste serre du jardin si beau par lui-même, en une charmante chapelle. On y remarquait l'autel gothique si délicatement orné, le trône de la Sainte Vierge dans un flot de tulle, de verdure fleurie, où la Reine du Ciel semblait planer sur des nuages et dominer toute l'assistance. En entrant, on ne pouvait retenir cette exclamation : *Oh! que c'est joli!* et quarante ans après, les anciennes Mères qui l'ont vu, répètent encore : *que c'était beau, gracieux!*

Dans ses rares moments de loisirs, la Mère Got se faisait donner des leçons de dessin, en vue de rendre de nouveaux services à la communauté. Avec le goût qu'elle apportait à toutes choses, elle réussit à composer sur le papier de très riches monuments d'architecture qui se transformaient, pour Soissons comme pour Saint-Quentin, en jolis tableaux d'honneur où de petites cases surmontées de la cordelière peinte d'après la couleur affectée à chaque classe, devaient recevoir les noms de la première et de la seconde en composition. Sur un autre tableau, figuraient les succès remportés à la grande distribution des prix, dans les sciences et dans les arts enseignés aux élèves. Mère Got utilisa encore son joli talent pour des broderies, des travaux à l'aiguille; c'est ainsi qu'elle composait et exécutait des dessins d'aubes, de garnitures d'autel; des décors en tous genres.

Il ne faudrait pas croire qu'une vie si occupée des choses extérieures pût être préjudiciable au bon gouvernement de la maison, encore moins à la sollicitude de la supérieure, pour chacune de ses Filles spirituelles. Elle était à tout et à toutes. Aucun détail ne lui restait étranger ni à la communauté ni au pensionnat. Malheureusement la plupart des religieuses qui étaient alors sous sa maternelle direction ne vivent plus ; que de belles choses elles auraient eu à nous raconter !

Une mère, ancienne aujourd'hui, mais novice alors, nous dit qu'un jour elle s'était laissé surprendre par le sommeil presque jusqu'au moment de la messe ; un peu confuse, elle avoua la cause de son retard, s'attendant à un reproche. La bonne Supérieure lui répondit : « *Ceci indique que vous avez besoin de repos ; pour pénitence, demain vous vous lèverez à la même heure...* » Une autre qui avait eu à son sujet des pensées défavorables eut le courage de les lui dévoiler ; la pauvre enfant fut accueillie avec la plus grande indulgence ; sa mère selon la grâce, se contenta de lui montrer le danger de ses jugements peu charitables et la congédia toute réconfortée. Du reste ses paroles, en public ou en particulier, portaient avec elles le calme, la paix et la force. Il eut été presque impossible de ne pas s'y rendre lorsqu'on les voyait appuyées par l'exemple; jamais la bonne Supérieure n'exigeait une chose difficile qu'elle ne l'eût faite auparavant ou qu'elle ne concourût à l'adoucir, soit en y mettant la main, soit en encourageant par une parole onctueuse et fortifiante.

En 1854, elle eut le chagrin de perdre l'une de ses bonnes sœurs coadjutrices. Que de soins elle lui prodigua pendant sa longue maladie! Avec quelle tendresse et quelle charité elle la prépara au dernier passage. Voyant la mort approcher à grands pas et obligée de quitter la malade, elle lui dit : « *Surtout, attendez-moi et si vous sentez venir le moment, faites-moi prévenir.* » Peu après, elle revint; en fille soumise, l'agonisante l'avait attendue. « *Est-ce vous ?* dit-elle à sa Supérieure. — *Oui, ma fille.* »

Elle fit un léger mouvement et rendit le dernier soupir.

La Mère Got s'était tant dépensée depuis son entrée en religion et surtout depuis qu'elle était supérieure, qu'une fièvre lente et continue la minait sourdement. Elle avait résolu de vivre avec *son ennemie,* comme elle l'appelait, sans y faire attention ; mais vaincue par une fièvre pernicieuse qui la rendit bien malade pendant deux mois, elle fut obligée de s'aliter en janvier 1855. Le médecin ayant prescrit un changement d'air pour achever la convalescence, Mère Got revint à la Maison mère le 23 mars et en repartit le 2 avril.

Une concession d'un repos de huit jours, c'était tout ce qu'elle croyait pouvoir s'accorder. C'est alors qu'une bonne sœur coadjutrice fut chargée de lui porter ses repas à l'infirmerie. Toute jeune novice et fort intimidée en la présence de cette Mère Supérieure si imposante, elle tremblait un peu et craignait de faire quelque gaucherie. La bonne Mère s'en aperçut, lui parla avec tant de simplicité lui racontant mille choses pour la mettre à l'aise, que la sœur fut charmée et lui déclara qu'elle n'avait plus peur de ses lunettes...

L'excellente Supérieure, à peine remise, complètement oublieuse d'elle-même, proposa à la R. Mère Henriette un voyage à Soissons, en compagnie de bon nombre de religieuses et d'enfants pour le 14 juillet, veille de la Saint-Henri que les deux familles réunies autant que possible, fêteraient à Soissons.

La proposition fut chaleureusement accueillie. Nous avons décrit tout au long ce charmant voyage dans la vie de la R. Mère Henriette; nous ne pouvons nous répéter. Mais on s'imaginera facilement ce qu'il dut en coûter à la supérieure locale de fatigues et de soucis pour recevoir tout à coup dans sa maison, quarante-quatre personnes de plus ; pour organiser le lendemain de la fête, sur la demande de Mgr de Garsignies, une excursion à Mercin, à Saint-Médard et à Prémontré. Là, on se sépara, non sans regrets : Les Saint-Quentinoises et les Soissonnaises prirent une direction opposée, toutes bénissant la route qui les ramenait à leur cher couvent de la Croix. Pendant de longues années, on se souvint de ce délicieux voyage et surtout du gracieux accueil de la supérieure et de la communauté de Soissons.

CHAPITRE III

Au mois de septembre 1856, la bonne
Mère Got dut se rendre à Saint-Quentin pour
les élections triennales. On apprit bientôt
qu'elle était nommée assistante générale.
Cette nouvelle charge l'obligeait à demeurer
à la Maison mère.

Le sacrifice fut grand pour son cœur ; elle
s'était naturellement attachée à cette fondation qui lui avait coûté tant de peine, tant
de fatigues ; mais en vraie religieuse, elle re-

connut et accepta généreusement la manifestation de la volonté divine. Tout ce qu'elle se permit alors en faveur de la chère communauté soissonnaise, fut de demander pour elle, la nomination, comme supérieure, de la Mère Dorigny, son assistante et sa maîtresse générale depuis deux ans. La réalisation du désir qu'elle avait exprimé, la rassura grandement pour ses anciennes Filles, et celles-ci la remercièrent vivement d'avoir adouci par là l'amertume du sacrifice que leur imposait son départ.

A l'époque où la Mère Got avait été maîtresse générale du pensionnat à Saint-Quentin, les processions de la Fête-Dieu ne sortant pas encore dans la ville, il y en avait une dans les jardins de la Croix.

Comme à toute chose, la Mère Got s'y était dévouée sans mesure ; les trois reposoirs lui devaient leur beauté. Celui des enfants était tout spécialement l'objet de ses soins ingénieux ; elle avait imaginé de faire servir le gymnase établi au fond de leur jardin, pour aider à la charpente du reposoir; malheureusement, en montant sur une échelle, elle se donna un coup terrible à la tête. Ce qu'elle en souffrit pendant des années, nul ne le sut bien; la présence d'une loupe qui alla toujours grossissant, révélait seule la gravité du mal.

Un chirurgien, portant grand intérêt à la Mère Got, voulut lui persuader qu'une petite opération bien simple, puisque la loupe, disait-il, n'avait pas d'adhérence aux chairs, l'en débarrasserait à toujours. La R. Mère Henriette consultée, ainsi que les anciennes Mères, furent tout à fait d'avis que l'opération eût lieu. Malgré ses répugnances, bien naturelles en pareil cas, la courageuse Mère Got se soumit tout de suite. Elle retourna à Soissons et se livra au docteur.

L'opération fut beaucoup plus douloureuse et plus longue qu'on ne s'y était attendu. Trois personnes présentes frémissaient;

l'une d'elles se trouva mal ; le chirurgien ne disait mot ; tout à coup on le vit pâlir sans qu'il s'expliquât ; la pauvre patiente gémissait doucement, mais montrait un courage héroïque. La loupe était adhérente ; il fallut l'enlever et gratter l'os ; le sang coulait à flots. L'opération avait duré cinq quarts d'heure !... Enfin l'on commença à respirer. Un peu plus tard, la chère Mère, voulant égayer son monde qui s'apitoyait sur ses souffrances, dit à la sœur chargée de tenir les pinces pour maintenir les chairs écartées pendant l'opération : « *Vous m'avez fait plus de mal que le Docteur, tant vous trembliez. Vous faisiez une figure, comme un chat qui boit du vinaigre...* » Et elle eut le courage de rire !... Combien de temps la pauvre Mère souffrit-elle des suites de cette opération ? Qui l'a jamais su ? Ses grands maux de tête, d'où venaient-ils et que devaient-ils être, avec le travail assidu auquel son énergie la condamnait !...

Le 30 octobre 1856, elle revenait défini-
tivement à la Maison mère comme assistante
générale. Cette charge n'était pas peu de
chose, puisque l'état de santé de la R. Mère
Henriette ne lui permettait plus guère
d'exercer aucune fonction extérieure. La
Mère Got mit à seconder sa supérieure, à la
suppléer en tout ce qu'elle ne pouvait faire,
le zèle, le dévouement, l'habileté qu'on lui
connaissait.

Non contente de se dépenser de la sorte,
elle demanda de faire le 6ᵉ cours d'arithmé-
tique et, en outre, donna les leçons d'ouvrage
au Pensionnat. Son activité lui fit encore
trouver du temps pour s'occuper de dessins
en tous genres; les services qu'elle rendit
alors sont restés incalculables.

Il y avait près de trois ans que la Mère
assistante générale établissait autour d'elle
le bon ordre, et répandait les fruits d'une
sage direction dans l'emploi des personnes
et des choses, quand la santé de la R. Mère

3.

Henriette donna les plus vives inquiétudes. Tout ce qui put la soulager, la distraire, la fortifier dans ses grandes souffrances, sa bonne assistante le fit avec un dévouement tout filial. Lorsque furent venus les derniers jours d'angoisses, Mère Got ne quitta plus guère ce lit de douleurs. C'est elle qui, à genoux, près de sa supérieure agonisante, mais en pleine possession de ses facultés, lui demanda pardon au nom de toutes, la remercia de ses bontés, de sa maternelle sollicitude pour chacune et lui promit que ses filles s'efforceraient de se montrer dignes de leur Mère.

Le 9 août 1859 vit expirer la première supérieure générale de la Croix, si universellement aimée et regrettée.

Quinze jours après, Mgr de Garsignies venait procéder à l'élection d'une nouvelle supérieure. A cette époque, les règles suivies en pareil cas, n'étaient pas semblables au mode actuel : toutes les Mères de la Congrégation étaient appelées à voter.

Les voix se partageaient entre deux personnes, la Mère Got et la Mère Pinon, lorsqu'on pensa qu'il manquait celle de la seule Mère restée à la maison de Soissons, en l'absence de la supérieure. Immédiatement Mgr de Garsignies envoya M. l'abbé Turquin, recueillir ce vote important. M. l'Aumônier ne revint que fort tard dans la nuit; nuit d'anxiété pour toutes et surtout pour celles qui pouvaient craindre, d'après la première opération de la veille, de voir les suffrages s'arrêter sur elles! Dès le lendemain, on se réunit pour le vote décisif, comprenant cette fois le pli cacheté rapporté de Soissons. La Mère Got fut élue sans conteste à la majorité absolue. Grande fut la joie des élèves qui conservaient ainsi leur dévouée maîtresse générale, Mme Pinon. Elle devait, pendant de longues années encore, former la jeunesse confiée à la Croix et se montrer une puissante auxiliatrice pour sa bonne Supérieure.

L'usage veut qu'aussitôt l'élection proclamée, chacune aille se mettre à genoux devant la nouvelle supérieure et lui baise la main, en signe de soumission. La Révérende Mère, ne pouvant se soustraire à ce cérémonial, imagina de tenir son crucifix entre ses doigts, de façon que ce fût l'image du Christ que l'on baisât. Personne ne s'en plaignit : n'était-elle pas, ne devait-elle pas être toujours la digne représentante, la vivante image du divin Crucifié ?...

La bonne Mère Aloysia fut choisie pour assistante générale : « Qu'importe, s'écriat-elle ; être assistante de Mère Got, qu'est-ce que cela ?... Je n'aurai rien à faire ! » Telle était l'idée que l'on se formait déjà de la nouvelle supérieure générale. Elle seule, accablée sous le poids d'un fardeau qu'elle croyait trop lourd pour ses épaules, se montrait pour la première fois languissante et comme paralysée. Son émotion bouleversait tout son être. A sept heures du soir, elle n'avait encore rien pris! L'excellent M. Guyart, averti secrètement, lui dit, au moment où elle entra : « Ma Mère, allez-vous-en déjeuner, dîner et souper. » L'obéissante religieuse se retira sans dire mot et descendit au réfectoire. Mais le lendemain, sa première admonition fut pour l'indiscrète qui *révélait ainsi ce qui se passait dans l'intimité...*

La bonne sœur Maria, religieuse coadjutrice, qui avait suivi la Révérende Mère Henriette à Saint-Quentin, lors du départ de celle-ci pour la restauration de la Croix, ne l'avait pas quittée un seul jour depuis. Attachée à sa personne comme infirmière, elle lui avait prodigué les soins les plus assidus avec tout le dévouement dont elle était capable. Aussi la mort de la R. Mère Henriette laissait dans l'âme de la bonne sœur, un vide immense. Par une délicate attention, le premier acte d'autorité de la nouvelle supérieure fut d'envoyer cette chère sœur à Soissons pour la distraire un peu. Quatre ans plus tard, la sachant gravement atteinte, elle la rappela, afin de lui donner la consolation qu'elle désirait de mourir à Saint-Quentin et d'être enterrée à Saint-Joseph (1), près de sa Mère bien-aimée.

A peine la R. Mère Got eut-elle pris les rênes du gouvernement général de la petite société de la Croix, que de graves soucis l'occupèrent : une parole jetée comme au hasard par la mère d'une de nos enfants à son retour de Lorraine, recueillie par la supérieure de Soissons et transmise immédiatement à la R. Mère Henriette, donna lieu à une nouvelle fondation. Les demoiselles Harmand, maîtresses d'un important Pensionnat à Bar-le-Duc, avaient déclaré vouloir se retirer, mais ne céder leur établissement qu'à une communauté religieuse. Le mauvais état de santé où se trouvait alors la R. Mère

(1) Maison de campagne de la Communauté, où se trouve le cimetière de nos Religieuses.

Henriette avait empêché qu'on s'occupât sérieusement de cette affaire. Peu après le décès de Madame Henriette, on en reparla. Mgr de Garsignies, M. le vicaire général Guyart, supérieur ecclésiastique et le conseil de la R. Mère furent d'avis qu'on devait tout tenter pour étendre les rameaux de la Croix. Dès lors commença une correspondance suivie avec les demoiselles Harmand; elles-mêmes vinrent à Saint-Quentin le 5 octobre 1859, et l'on passa, sous seing-privé, un acte par lequel lesdites demoiselles s'engageaient à vendre aux Dames Religieuses de la Croix, une maison et ses dépendances, occupée par elles à Bar-le-Duc. Ce contrat ne devait avoir son effet qu'au moment où Mgr l'Évêque de Verdun autoriserait la Communauté de la Croix à fonder une maison dans son diocèse.

Un échange de lettres entre l'évêque de Soissons et celui de Verdun ralentit la marche des choses. Enfin une réponse favorable de Mgr Rossart étant arrivée, M. Guyart, la R. Mère, l'économe générale et la supérieure de la Communauté de Soissons partirent pour Bar-le-Duc, le 21 mai 1860. De là, on se rendit à Verdun, où fut décidée la fondation. Au retour à Bar, les Mères de la Croix firent les visites d'usage à Messieurs les ecclésiastiques et aux principales autorités de la ville. Elles revinrent satisfaites.

Le 5 juillet suivant, la R. Mère Got partait avec une Religieuse pour présider aux travaux qui devaient transformer une grange en une jolie chapelle. De grandes difficultés s'amoncelèrent: ce fut un temps de rudes labeurs. Aidée de l'architecte du département, la R. Mère triompha de tous les obstacles; six semaines après, elle pouvait assurer à ses filles qu'elles auraient un lieu de prières et de repos près du Tabernacle. Elle-même avait indiqué aux ouvriers ce qu'il y avait à faire, une porte ici, des fenêtres là, une sacristie à tel endroit, une tribune à tel autre. L'un d'eux la regardant tout étonné, dit : « Elle a une petite tête, mais y a une fameuse cervelle ed dedans. »

Le 14 août, la R. Mère revenait à Saint-Quentin avec sa compagne et, deux jours après, envoyait à Bar la Mère Fourny comme supérieure, accompagnée de la bonne Mère Damay. Les religieuses purent ainsi entrer en relations avec les familles, avant le départ des élèves. Le 30, la Mère générale était à Bar, en compagnie de deux de ses filles et, le 3 septembre, elle en recevait sept autres. Ainsi se formait le personnel de la petite communauté barisienne. Les premiers jours se passèrent en préparatifs pour la bénédiction de la chapelle, qui devait avoir lieu en la fête de la Nativité, le 8 septembre.

La cérémonie, présidée par M. Gallet, archiprêtre de la ville, se fit en présence d'un bon nombre d'ecclésiastiques et d'un grand concours de personnes qui s'étaient empressées de répondre à l'invitation qu'on leur avait faite. Tous firent des vœux pour la prospérité de la maison.

Les religieuses étaient d'autant plus prêtes à leur mission de zèle et de dévouement que N.-S. était chez elles et qu'elles avaient retrouvé leur chère clôture.

Mais le sceau de la Croix doit être apposé sur toute œuvre venant de Dieu. La Mère générale devait encore porter le poids de l'épreuve : après avoir tout fait pour préparer ce jour appelé de ses vœux où elle pourrait offrir une chapelle à ses chères Filles, elle fut six semaines sans pouvoir y entrer ! Le lendemain de la bénédiction, 9 septembre, elle voulut ouvrir les carreaux des verrières autour de l'autel ; s'apercevant qu'une corde manquait à l'un des vasistas, elle prit une échelle qui servait journellement aux ouvriers, lui donna une inclinaison trop grande ; sous le poids de son corps, l'échelle se brisa en deux ! la pauvre Mère tomba d'une grande hauteur ; tout le poids de sa personne porta sur le pied droit qui fut broyé. Il était près de midi ; elle se trouvait seule dans le saint Lieu ! Après un effort inouï, elle eut le courage de se relever et de se traîner jusqu'à la maison, assez loin de là...

Tout effrayé, on lui donna immédiatement les soins les plus intelligents. Le pied enflait à vue d'œil,... le docteur hocha la tête : « *J'aimerais mieux une luxation,* dit-il ; tout est broyé. » Ce que souffrit la R. Mère est inexprimable, aussi bien que sa patience et son courage. Des semaines après, lorsqu'on put la remuer un peu, elle était montée et descendue par ses chères Filles. Une bonne sœur coadjutrice ne pouvait la voir ainsi sans verser des larmes. Alors, quand la Mère générale la voyait venir : « Attendez, disait-elle à ses porteuses, il va pleuvoir. »

On était presque au moment de la rentrée des classes à Saint-Quentin. Mère

Aloysia et Mère Pinon allèrent s'entendre avec la R. Mère pour la distribution des emplois à la communauté et au pensionnat. Ce ne fut que plus d'un mois après qu'on vit revenir la bien-aimée malade, accompagnée de deux religieuses. Son état nécessitait encore des précautions; elle ne se résigna qu'aux plus indispensables; bien longtemps elle eut à souffrir des suites de cet accident. Ce fut alors qu'elle prit l'habitude de faire elle-même toutes ses chaussures, après s'être fait donner une forme, habitude qu'elle conserva jusqu'à la fin de sa vie.

Au 7 décembre 1860, un événement douloureux vint lui imposer un sacrifice qu'elle ressentit plus encore pour toute la congrégation que pour elle-même. Mgr de Garsignies, qui s'était toujours montré si bon père pour la Croix, venait de s'éteindre presque subitement. C'était un insigne protecteur de moins sur la terre, mais il devait veiller du haut du ciel sur sa chère communauté. Cinq mois après, le 5 mai 1861, Mgr Christophe était sacré évêque de Soissons dans la cathédrale de cette ville. Le 3 juin suivant, Sa Grandeur venait présider à la Croix de Saint-Quentin une profession et une prise d'habit. La foule, avide de voir le nouveau prélat, envahit la chapelle du couvent. Ce fut bientôt un tumulte épouvantable.

La R. Mère à qui les bonnes idées venaient vite, avisa dans le chœur un gendarme, parent d'une élève; elle le pria d'aller à la nef rétablir l'ordre, ce qu'il fit aussitôt, et l'on put enfin commencer la cérémonie. L'épiscopat de Mgr Christophe devait être de très courte durée; il finit le 10 août 1863.

Si la mère générale était bonne pour toutes les élèves, rien n'égalait sa tendresse envers les enfants qui n'avaient plus de mère. Bien des fois, nous aurons occasion de le constater. Elle se souvenait de ce qu'elle avait souffert elle-même et son cœur s'ouvrait à une compatissance qui se changeait bientôt en un amour vraiment maternel. C'est ainsi qu'on l'avait vue recueillir en 1849, une orpheline de cinq ans qui la suivit à Soissons, lorsqu'elle en fut nommée supérieure. La petite Marie Gréret grandit là, enfant gâtée de la R. Mère et de l'excellent M. Guyart dont la sœur se plaisait à la récréer aux jours de sortie. On remarquait en elle une exquise délicatesse de sentiments, d'heureuses dispositions à la piété, un charmant naturel. Toute petite, après avoir longtemps contemplé un Christ et une Vierge qui ornaient la salle d'étude, elle s'écria tout à coup : « *Madame, pourquoi donc le bon Dieu est-il plus grand que sa mère?* » Un autre jour, elle apprenait ce passage de nos saints Évangiles qui raconte la disparition de l'Enfant-Dieu à Jérusalem : « Le « petit Jésus ne fit pas bien de se perdre, « dit-elle, puisque par là, il causa tant de

« peine à sa mère !... La sainte Vierge dut « bien le garder ensuite ! » Marie se prépara avec une ferveur angélique à sa Première Communion ; la petite croix sur laquelle fut gravée la date de ce beau jour ne la quitta jamais, et, sur son lit mortuaire, quand ses mains défaillantes ne purent plus la tenir, son regard la cherchait encore !... Il fallut quitter le doux nid soissonnais : un oncle et une tante qui demeuraient près de Saint-Quentin, demandaient le rapprochement de l'enfant devenue jeune fille.

Modèle de l'élève parfaite, Marie se vit décerner deux fois la couronne de sagesse. Grande était son affection pour la vénérée Supérieure qu'elle chérissait à juste titre comme sa mère ; sa confiance en elle était sans bornes.

A elle seule, elle révéla d'abord les secrètes aspirations de son âme ; depuis longtemps elle désirait voir s'ouvrir devant elle les portes du noviciat ; la prudente supérieure n'accéda pas tout de suite à sa demande ; elle voulut au contraire qu'elle vît un peu le monde ; ce ne fut qu'au bout d'une année d'épreuves et deux mois après sa sortie de pension, que la jeune fille put enfin se considérer comme postulante.

Sans doute, le cœur si religieux et si tendre de la Révérende Mère dut éprouver une bien douce joie de voir au port cette enfant qu'elle avait toujours suivie depuis ses premières années ; mais on peut dire qu'elle ne fut pour rien dans sa détermination : elle respectait trop l'action divine dans les âmes pour essayer seulement d'y mêler la sienne.

Elle eut la consolation de voir la nouvelle novice et plus tard, la jeune professe, faire de rapides progrès dans toutes les vertus ; mais celle de l'assister à ses derniers moments devait lui être refusée. La Mère générale écoutait si peu les sentiments de la nature qu'à peine sa fille d'adoption eut-elle prononcé ses premiers vœux, elle fut envoyée à notre maison de Bar-le-Duc.

Le 30 août 1870, une foule ameutée força les portes de notre cher couvent de Bar à s'ouvrir devant quinze Bavarois qu'il fallait loger et nourrir. A la vue de ces ennemis, entrant le fusil sur l'épaule, toutes eurent un instant de terreur... *Pourquoi nous effrayer,* dit notre jeune religieuse? *il vaut mieux prier!...* L'effort surnaturel qu'elle fit pour maîtriser son émotion, opéra sans doute une révolution dangereuse dans son organisme. Bientôt une fièvre typhoïde se déclara dans toute son intensité.

Quelles furent les angoisses et la souffrance de la R. Mère pendant tout le cours de cette maladie; se trouvant dans l'impossibilité de se rapprocher de sa chère enfant, privée même de ses nouvelles que la difficulté des correspondances à cette époque de malheur, rendait si rares !...

4

De son côté, la pauvre malade, dans une vague connaissance de son état physique et moral, se préoccupait de la distance qui la séparait de la Maison mère : « Oh! que je « voudrais voir nos bonnes Mères de Saint-« Quentin, disait-elle... Ouvrez la porte, les « voilà... » Vains désirs, cruelle illusion!... Le samedi qui précéda sa mort, son amour si tendre pour la Reine du Ciel la berça d'un doux espoir. « Quel bonheur! c'est aujour-« d'hui que je mourrai! quel beau jour! un « samedi! J'irai aujourd'hui au Ciel! Oh! « que c'est beau! une couronne, une au-« réole! mais que c'est beau! » La T. Sainte Vierge avait-elle donc entr'ouvert les portes du paradis devant cette âme candide? Nul ne le sait; il nous est doux de le supposer. Trois jours après, elle ajoutait d'une voix mourante : « Que pourrais-je désirer? le « ciel, c'est si beau!... Je vais paraître au « tribunal de Dieu avec mon titre d'Enfant « de Marie, mon beau titre de Religieuse de

« la Croix!... » Ce fut le dernier tressaille-
ment de l'âme épouse et de l'enfant vierge ;
elle s'exhala doucement le 27 septembre. La
R. Mère versa d'abondantes larmes ; elle se
voyait ravir cette enfant bien-aimée, qu'elle
avait habillée si souvent de ses mains, pour
qui elle s'était plu à confectionner de gentilles toilettes ; cette enfant dont elle avait
guidé les pas depuis le berceau de Jésus
jusqu'à sa Croix ; cette enfant qui n'était que
dans sa vingt-septième année, et, à l'heure
suprême, elle n'avait pu la couvrir de ses
baisers, ni lui dire ses mots de prédilection :
« Courage ! confiance ! » Dieu lui avait demandé les prémices de son maternel amour
pour les orphelines.

En l'année 1864, le 31 mai, Mgr Dours,
de bénie mémoire, faisait sa première apparition à la Croix. Après avoir parcouru la
maison, s'être montré satisfait de tout ce
qu'il avait vu et entendu, il dit aimablement :
« *Nous ne voulons pas nous asseoir ; nous*

« *ne sortirions plus d'ici!...* » Sa Grandeur fut obligée de partir, mais elle revint plus d'une fois, avec un plaisir qui semblait croître à chaque visite. Elle ne cachait pas combien Elle appréciait la R. Mère. Bientôt un souhait que Monseigneur ne dissimula pas davantage fut de voir l'une de ses nièces entrer au Noviciat de la Croix. Ses vœux se réalisèrent, mais le pauvre évêque n'en fut pas témoin ici-bas : une cruelle maladie l'avait enlevé quelques mois auparavant. Il est permis de croire que, du haut du ciel, il veillait sur sa chère Marie et priait pour elle. Le 26 août 1878, Mlle Dours était postulante. On peut dire que, du jour de son entrée en religion à celui de sa sortie de ce monde, elle progressa dans la perfection. Merveilleusement douée des qualités de l'esprit et du cœur, elle fut appelée, bien que jeune encore, à remplir les premières charges de la Congrégation. Maîtresse générale du pensionnat, elle se fit chérir de toutes les élèves, et opéra, parmi ces enfants, un bien réel. Le tact et la prudence qui la distinguaient lui firent exercer sagement ses fonctions d'assistante générale. Malheureusement une mort prématurée, causée par une péritonite aiguë, la ravit en quelques jours à l'affection et à l'estime de tous ceux qui la connaissaient.

La R. Mère Got s'était toujours fait remarquer par une dévotion spéciale à saint Joseph. Elle lui avait confié avec le plus grand abandon les intérêts temporels de sa chère communauté. De plus, dans les bas sentiments qu'elle avait d'elle-même, elle se plaisait à répéter que, à la Croix, comme à Nazareth, c'était *la moins digne qui commandait*. Aussi fut-elle heureuse de lui faire élever une statue et un joli monument dans le jardin. La bénédiction en fut faite le jour où l'on célébrait le patronage du grand saint, 7 mai 1865.

Peu après, eut lieu la première communion des enfants de la classe gratuite. La Mère générale avait une sollicitude toute particulière pour cette portion chérie de son petit troupeau ; elle jouit doublement cette année-là de leur bonheur en ce beau jour. L'une de nos anciennes élèves, ayant perdu, vingt mois auparavant, une fille qui devait être première communiante à la Croix à peu près en même temps que les enfants pauvres, résolut de faire, pour l'une de celles-ci, tout ce qu'elle aurait fait pour sa propre fille. Elle fit venir chez elle l'enfant qu'on lui avait désignée comme la plus indigente et la plus chétive, lui prodigua, pendant trois semaines, les soins que réclamait sa frêle santé, les dons en nature qu'il fallait à sa misère et, la veille de la première communion, elle la fit coucher dans sa propre maison. Le lendemain, elle fut revêtue de sa toilette blanche par sa bienfaitrice, qui lui fit don en outre, d'un cierge, d'un livre, d'un chapelet, de 5 francs pour l'offrande et d'un franc pour chaque quête. Dans son petit sac, se trouvaient six autres francs destinés à payer le loyer de la famille. De plus, grâce à la généreuse donatrice, la mère put assister dans une mise convenable, à la première communion de sa fille. Leur joie n'était guère plus grande que celle de la R. Mère Got, heureuse pour cette famille et toute consolée de trouver un tel cœur en l'une de ses enfants.

Au mois de juillet de cette année 1865, un ouragan terrible se déchaîna sur la ville et ses environs : des coups de tonnerre épouvantables se firent entendre ; trois fois la foudre tomba près de la maison ; les nuages s'avançaient larges et sombres ; tout à coup un vent violent qui soufflait du nord au sud, lança des grêlons gros comme de petites noix, cassant, brisant tout ce qui s'opposait à leur chute. Enfin une pluie torrentielle envahit tout. C'est dans ces circonstances qu'il fallait voir la R. Mère Got partout où il

y avait dégât, crainte de danger ou d'inondation, allant des élèves aux religieuses,
des caves aux greniers, des toits à l'écurie,
un seau, un balai à la main, souvent à demi-
vêtue pendant la nuit...

La maison de campagne avait été entaillée
par des grêlons de la grosseur d'un œuf de
poule; les vitres des fenêtres, les cloches du
jardin étaient cassées; les arbres, dépouillés
de leurs feuilles et de leurs fruits; les ar-
doises, lancées avec une telle violence qu'a-
près l'orage, on les avait retrouvées, encore
fixées aux arbres qu'elles avaient atteints!
Lorsqu'on vint annoncer tous ces désastres
à la R. Mère, elle répondit avec le plus grand
calme : « C'est le bon Dieu qui l'a voulu;
dites au jardinier qu'on ira y voir... »

Rendre plus commodes, plus agréables
les bâtiments occupés par les élèves, fut
toujours l'une des préoccupations constantes
de la bonne Supérieure. Elle soumit ses idées,
son plan à l'architecte et, toujours infati-

gable, elle suivit encore les ouvriers avec une telle vigilance qu'à la rentrée, les enfants furent tout heureuses de se trouver au large dans un vaste dortoir bien aéré, dans deux chambres de toilette où tout avait été prévu. Rien n'était négligé pour leur rendre plus supportables les indispositions ou une maladie plus grave; le choix même du papier de l'infirmerie révélait une intention maternelle et délicate de les distraire de leurs souffrances. Disons-le tout de suite, il y avait un baume bien plus puissant pour adoucir le mal, quel qu'il fût : la tendre sollicitude de la R. Mère, ses fréquentes visites, ses bonnes paroles, ces soulagements ingénieux qu'elle trouvait sans peine, un mot pour rire, une charmante gâterie... les petites malades se faisaient illusion... facilement elles rêvaient que leurs mères étaient près d'elles.

Nous aurons occasion de revoir la Mère générale auprès de plus d'un lit de douleurs; mais nous ne pouvons passer sous silence un fait de l'année 1868, dans lequel la divine Providence la fit intervenir.

Il y avait six mois qu'une de ses jeunes religieuses, après douze années de souffrances plus ou moins aiguës dans les voies digestives, languissait douloureusement en sa chambre de malade. Elle en était arrivée à passer ses nuits dans une insomnie complète, à éprouver une répugnance insurmontable pour toute espèce d'aliment, à rejeter quoi que ce fût qu'elle prît... Tous les secours de l'art médical étaient impuissants. En face de cette triste évidence, la R. Mère, sous une inspiration comme le ciel en réserve aux supérieurs seuls, entre soudainement chez la malade qu'elle trouve en pleurs... « *Allons, faites donc une neuvaine à la Croix, à la Sainte Vierge, à qui vous voudrez; mais dépêchez-vous de demander votre guérison...* Ce fut un trait de lumière, un levier non pareil pour la chère malade. Elle qui ne se sentait aucune force, sembla en retrouver pour obéir; la confiance lui revint. Chaque jour, elle était à genoux, priant avec ferveur devant une petite statue de Marie; ce ne lui parut pas assez faire; elle quitta sa chambre et se traîna, de station en station, aux pieds de N. D. de Grâces, du Calvaire et de saint Joseph. Le Ciel était attentif, mais semblait sourd; le mal empirait!...

La fête de la mère de la Religieuse venait de se passer, sans que la pauvre enfant eût pu écrire. « Il y a quelque chose, se dit la maman ». Elle partit et arriva le samedi 19. Saisie de voir sa fille dans un tel état, elle se mit à pleurer, « *Maman*, dit la malade, *veux-tu aller à N.-D. de Liesse, lui demander pour moi un estomac neuf?* « Ma fille, lui fut-il répondu, je ne t'ai jamais rien refusé, je ne commencerai pas aujourd'hui. »

Il fut convenu qu'elle partirait le lundi 21; le soir, elle était de retour avec une bouteille d'eau de la fontaine miraculeuse. « *Tiens,* dit-elle, *bois.* — Quelle idée! tu sais bien que rien ne passe. A quoi bon me faire vomir pour une goutte d'eau ! — « Mais c'est de l'eau de N.-D. de Liesse... « — Oh ! si c'est ça, donne... et elle avale plusieurs gorgées : « Maman, que c'est drôle ! *on dirait que tout passe.* » La mère prend sa fille dans ses bras, la baise tendrement et s'écrie : *Oh ! si c'était vrai !..* Il était tard, elles se quittent. La religieuse court à sa Supérieure : « Ma Mère, *je suis guérie !* — C'est bien, répond la prudente Mère générale, *allez vous coucher.* — L'heureuse enfant va s'étendre sur ce lit où depuis six mois elle n'avait trouvé qu'une fatigue nouvelle ; elle y dort d'un profond sommeil que la faim seule vient interrompre. Elle proteste, mais sans qu'on veuille trop y croire, qu'elle est guérie. Il fallait, lui disait-on, prendre des précautions ; ce pouvait être un mieux momentané ; on pouvait craindre une rechute, etc. Elle, convaincue que la sainte Vierge avait fait son œuvre, ne s'inquiétait ni de soins à prendre ni de conséquences à éviter. « *Je vous croirai guérie,* lui dit la R. Mère, *si tout en vous se remet dans l'ordre. — Vous entendez, ma bonne Mère?* » dit la ressuscitée à la Sainte Vierge. La nuit suivante, c'était fait!... Le samedi, elle se lève, mourant de faim; une légère douleur de côté, seul reste de son état si grave, venait de disparaître complètement.

Dès le soir même, la R. Mère voulut mettre au grand jour l'œuvre ineffable de la Reine du Ciel. Sa chère miraculée reprit la vie commune.

Pour faire un acte de foi plus solennel encore en la toute puissante bonté de Marie, la R. Mère confia à sa religieuse l'un des emplois les plus laborieux de la maison; elle la nomma dépensière! Le médecin voulut voir son ancienne malade : *Madame,* lui dit-il, *ce n'est pas nous qui pourrions faire une chose comme celle-là...* Un an après, la religieuse déclarait n'avoir souffert depuis douze mois, que de la faim.

Ainsi s'écoulait, au milieu de traverses et de consolations, le généralat de la R. Mère Got. Dieu lui réservait des épreuves encore; toujours nous la trouverons à la hauteur du vouloir divin, avançant à travers les âpres sentiers qu'Il lui trace.

CHAPITRE IV

LA R. MÈRE GOT PENDANT LA GUERRE
DE 1870-1871.

On était au mois de juillet 1870 ; la guerre entre la France et la Prusse venait d'être déclarée : nous n'avons pas l'intention d'en faire l'histoire, tout le monde la connaît. Nous ne l'envisagerons qu'au point de vue de la Vie qui nous occupe.

Immédiatement, la R. Mère Got pressent ce qui peut résulter pour ses chères filles de la gravité des circonstances ; exécutant un projet mûri depuis quelque temps dans son cœur maternel, elle fait partir quatre de ses religieuses pour l'Angleterre, afin d'y ménager un refuge à sa Communauté. Nous les suivrons un peu plus tard; il nous tarde de faire admirer d'abord la force d'âme et la prudence consommée de la digne Supérieure générale, au milieu des soucis, des angoisses de tous genres que lui donnaient les événements.

Dès le mois d'août, elle apprenait que Bar-le-Duc venait d'être pris sans coup férir par les ennemis; que le roi Guillaume avait établi son quartier général dans la ville et que toutes communications devenaient impossibles pour un temps illimité!

D'autre part, on présumait le bombardement de Soissons et l'arrivée plus ou moins prochaine des Prussiens à Saint-Quentin. Que de préoccupations, que de sollicitudes à la fois pesaient sur la chère Mère générale! Sans perdre un instant, tandis que ses Filles puisent dans le calme de leur retraite annuelle, la force, la paix, l'abandon à la divine volonté, Elle, avec une activité et une sérénité égales l'une à l'autre, prend sur le repos de ses nuits, pour mettre tout en sûreté.

De Soissons qu'elle croit exposé davantage, elle fait venir les plus craintives. Le 4 septembre, à onze heures, alors que la plupart des religieuses étaient endormies, un vigoureux coup de sonnette se fait entendre : la R. Mère qui veillait, va ouvrir ; un ami de la maison lui apprend le commencement des troubles. Il va sans dire que la pauvre Mère passa le reste de la nuit à compléter les mesures de prudence qu'elle avait déjà prises.

Le lendemain, sur le conseil d'amis dévoués, une ambulance était ouverte à St-Joseph, une autre dans une maison communiquant avec la nôtre. Le réfectoire des enfants, les deux salles d'étude, les dortoirs des petites élèves, une des chambres de toilette, les salons mêmes reçurent des blessés! Bon nombre de nos religieuses, désignées par l'obéissance, se trouvèrent tout à coup Sœurs de charité; leur zèle, leur dévouement, ne connut pas de bornes. Aurait-il pu en être autrement? Animées par les pensées de la foi, par le bonheur d'exercer la charité, de faire du bien aux âmes en même temps qu'elles soulageaient les corps, elles étaient puissamment soutenues par les exemples de leur Mère générale. Elles la voyaient partout, se donnant à tous. Dès cinq heures du matin, la bonne Supérieure faisait le tour des salles, s'arrêtait au lit des plus malades, s'informait de leur nuit, allait leur chercher ce dont ils pouvaient avoir besoin, disait quelques bonnes paroles à l'un, encourageait l'autre.

Non contente de s'en rapporter aux infirmiers pour la nuit, elle faisait rester une garde-malade, fit poser une sonnette qui donnait dans sa chambre et tous avaient ordre de la mettre en branle si le danger était menaçant. Vingt-quatre de ses chers malades succombèrent à leurs blessures, un seul mourut sans les derniers secours de la religion; encore était-ce parce que, sourd, il lui en coûtait de se confesser dans la salle; il se proposait de le faire dès qu'il pourrait en sortir.

Nos annales disent qu'il est difficile de se figurer les soins aussi tendres qu'ingénieux dont la R. Mère entourait ses chers blessés.

Aussitôt qu'ils étaient apportés dans la Maison, elle s'informait de leurs familles, de leurs pays, écrivait ou faisait écrire à leurs parents.

Un jeune homme qui n'avait pas été blessé, traversait notre rue après la funeste bataille de Saint-Quentin : une balle l'atteignit à la jambe; il nous fut amené. On ne crut pas d'abord à une grave blessure; cependant le mal empira avec une rapidité effrayante. La mère du malade avait été prévenue; elle répondit qu'elle allait partir, que si son fils mourait, elle voulait que sa dépouille mortelle fût ramenée au pays. Le pauvre jeune homme trépassa le lendemain. La malheureuse mère, en s'acheminant vers l'ambulance, rencontra un fourgon emportant un mort : « *Oh! si c'était lui,* se dit-elle!... Son cœur bondit dans sa poitrine; ses pas, vacillant entre la crainte et l'espérance, l'amenèrent auprès de nous... Il fallut lui dire que c'était bien *lui* qu'elle avait rencontré! Sa douleur ne peut se décrire; combien elle dut être adoucie cependant par l'accueil qui lui fut fait, par la sympathie si touchante, si vraie, qu'on lui témoigna. La R. Mère passa la nuit auprès d'elle, essayant de consoler une douleur inconsolable, celle d'une mère pleurant l'enfant ravi à son amour.

Près de cent cinquante blessés avaient passé dans la Maison, plus ou moins de temps. Tous se montraient pleins de reconnaissance, ils sentaient la bonté, l'affection

même, les entourer. Ce qui les gagnait encore, c'était la largeur d'idées de l'excellente
supérieure. Elle avait bien recommandé
qu'on ne les tourmentât pas pour les sacrements à recevoir. « *Laissez faire le bon
Dieu,* disait-elle, *quand le malade voudra,
il saura bien le demander,* et lorsqu'on
venait la prévenir qu'un tel désirait les secours divins, elle allait s'assurer par elle
même que c'était bien sa volonté; alors
seulement, elle faisait venir le prêtre. Elle
sut par l'un d'eux, qu'il n'était pas marié à
l'église et qu'il ne savait comment faire pour
rentrer dans le devoir.

Aussitôt elle fit faire les démarches nécessaires; les témoins furent demandés pour
le lendemain; les habits de noces préparés;
un banquet apprêté; les convalescents se
réjouissaient de prendre part à la fête. Mais...
le lendemain, notre homme avait changé
d'idées; le diable aidant, il s'était rappelé
qu'un de ses oncles l'avait menacé de le

déshériter s'il venait à se marier selon les lois de l'Église ; il prit la fuite...

La R. Mère eut du moins la consolation d'apprendre un peu plus tard que son fugitif, se rappelant ce qui lui avait été dit à la Croix, reprit courage, régularisa sa position et, à cause de ses infirmités, fut reçu avec sa femme chez les Petites Sœurs des Pauvres. Le bon Dieu eut envers lui une délicatesse de père, en permettant que l'héritage en question ne lui fût pas enlevé.

Les convalescents désirèrent apprendre à lire et à écrire. Une ancienne religieuse qui excellait dans le talent de faire réussir en ce genre la tête et la main les plus rebelles, fut chargée de cet enseignement. Il fallait voir la joie de ses nouveaux élèves ! Bien longtemps après leur sortie, ils en témoignaient encore beaucoup de reconnaissance à la R. Mère et la priaient de *souhaiter le bonjour à leur maîtresse d'école.* Ils avaient aussi bonne souvenance des attentions, des

soins affectueux de l'excellente Supérieure ;
du cordial qu'elle leur avait fait prendre avant
l'opération, pour que le pauvre patient fût
plus en état de la supporter ; des heures du
jour ou de la nuit passées près de leur chevet,
où elle s'ingéniait à les soulager, comme
l'aurait fait une mère. Plusieurs dans la suite
vinrent la revoir, la remercier, causer avec
elle ; ils l'aimaient tant !

La vénérée Mère Got avait pourtant bien
d'autres soucis. Un jour, était arrivé à la
porte un homme chargé par les Prussiens,
de réquisitionner tous les matelas de la
maison ; dans une heure, une voiture viendrait les chercher !... « Impossible, s'écrie
une Religieuse présente ; ils servent à nos
malades et à nos enfants ! — Ma Mère, re-
prend la prudente Supérieure, nous ne pouvons refuser ; Monsieur vient de la part de
l'autorité prussienne. Dans une heure ce sera
prêt. »

Elle fait immédiatement prévenir le chef

de l'ambulance. Une heure après, les hommes étaient là avec leur voiture ; grand nombre de matelas se trouvaient sous la porte ; les envoyés du pouvoir se disposaient à s'en emparer, lorsqu'apparaît l'ami de la Maison : « Non, non, dit-il, je ne souffrirai pas qu'on emporte les literies de mon ambulance ; nos blessés en ont besoin ». Les hommes emmenèrent leur voiture à vide et ne reparurent plus.

Une autre fois, le major prussien s'était présenté avec deux autres : « Nous voulons votre Maison, disent-ils à la R. Mère ; nous, beaucoup de monde à loger. — Mais, Monsieur, et nous?... — Vous, là-bas, à Saint-Joseph, et dans votre classe gratuite. — Ce n'est pas suffisant pour nos religieuses, nos enfants et nos blessés. — Oh! vos enfants... renvoyez chez elles. — Comment, Monsieur, vous brûlez les villages, vous saccagez partout, et vous voudriez que nous exposions à tous les dangers des jeunes filles qui nous sont confiées! jamais! non, nous ne les renverrons pas!.. » Le major frappa le parquet de sa canne : ces messieurs se regardèrent, comprirent qu'ils étaient en face d'une femme dont la tête valait bien la leur ; ils partirent. Aussitôt la prudente Mère fit occuper tous les appartements par des blessés que les Prussiens renvoyaient du lycée pour être transportés chez nous, au risque de leurs jours. Nous avons vu comment ils furent accueillis et soignés.

Deux drapeaux flottèrent sur nos murs ; l'un tricolore, c'était celui de la nation : l'autre fond blanc, orné d'une croix rouge.

Le 8 octobre, la cloche du beffroi se fait entendre, un cri court les rues. *Les Prussiens sont au faubourg d'Isle!* Prévenues de leur approche, les autorités de la ville avaient fait élever des barricades, couper les ponts ; de généreux Saint-Quentinois, peu exercés au maniement des armes, luttèrent cependant avec avantage contre les ennemis.

Les insignes reliques du grand martyr, patron de la ville, la défendaient mieux encore.

Après une heure d'un feu roulant et bien nourri, les gardes-nationaux furent vainqueurs, ils ne perdirent que trois d'entre eux.

Dix jours après, la R. Mère apprenait que Soissons avait été bombardé. Déjà les externes en avaient apporté la nouvelle, ajoutant que le couvent de la Croix était presque détruit. La Mère générale se recueille un instant et, avec un calme imperturbable : « *Que la volonté de Dieu soit faite,* » dit-elle. Le soir, plus informée des faits, elle savait que ses filles de Soissons avaient passé quatre jours dans une cave à l'extrémité de leur jardin et que de la chapelle, il ne restait guère que l'autel et le tabernacle. « Mes Sœurs, dit-elle à sa Communauté, *le bon Dieu nous juge dignes de porter la Croix; nous l'avons béni dans la prospérité, bénis-*

sons-le également dans l'adversité; notre maison de Soissons est en ruines! » Et ce fut tout!...

Quatre jours après; munie d'un sauf-conduit, elle allait avec une de ses religieuses, porter ses consolations aux chères victimes. Peu lui importaient les dangers personnels qu'elle courait...

Elle arrive à Soissons, avise un cocher et une voiture : « Conduisez-moi à la Croix, dit-elle. — La Croix? il n'y en a plus! elle est détruite! — Eh! bien, conduisez-moi à la place où elle était. »

Malgré le coup de poignard que lui avait porté cette lugubre annonce, la pauvre Mère disait plus tard : « Lorsque j'arrivai sur place, ce qui s'offrit à mes regards, dépassa tout ce que j'avais conçu!... Préoccupée surtout de retrouver toutes ses Filles si heureuses de la revoir, elle les fit assembler, promena sur elles un regard anxieux. « Mes Sœurs, dit-elle, tout le monde est-il debout! — Oui, ma Révérende Mère. — *Alors tout le reste n'est rien.* »

Les événements ne lui permettant pas une longue absence, elle revint bientôt, tout émotionnée du désastre, bien plus grand qu'on ne se l'était figuré d'abord.

Le jour de la Saint-Charles, si joyeux d'ordinaire, ne fut éclairé que par les vœux plus ardents que jamais pour la bien-aimée Supérieure. Il n'y eut pas jusqu'aux braves soldats qui ne se missent en frais de bouquets et de compliments, heureux de témoigner de nouveau leur reconnaissance et leur vénération à Celle à qui ils étaient redevables, disaient-ils, de la santé de l'âme et de celle du corps.

Le soir même, la courageuse Mère partait pour l'Angleterre voir ses chères exilées... Après dix jours d'absence, elle était de retour. On juge bien que ses voyages, en de telles circonstances, n'étaient pas sans dangers et sans inspirer de vives inquiétudes à celles qu'elle était obligée de quitter momentanément. Son grand cœur se partageait entre toutes ; il eut à subir une douleur cruelle, en apprenant que deux de ses plus jeunes religieuses de Bar avaient succombé à la maladie causée par la frayeur et les émotions ! Devant cette épreuve, il fut moins fort qu'en face des pertes matérielles...

L'année 1871 s'ouvrait sous de tristes auspices : la guerre continuait toujours ; le général Faidherbe venait de reprendre possession de la ville, occupée par les Saxons depuis près d'un mois. Il fallait s'attendre à une revanche terrible de la part des ennemis. Le 19 janvier, les armées étaient en présence ; une bataille décisive se livrait à à quatre ou cinq kilomètres de la ville. Si les Français étaient vaincus, Saint-Quentin serait inévitablement bombardé.

En un instant, la sacristie et d'autres pièces furent dégarnies ; le sous-sol et les caves encombrés. La R. Mère avait fait descendre tout le monde, religieuses et enfants, dans le sous-sol capitonné avec des matelas ; la maison tremblait à chaque coup de canon, les obus éclataient. Soudain, l'on s'aperçoit qu'une respectable octogénaire n'est pas là... Où est-elle ? La Mère générale ne veut laisser à personne le soin de la chercher. Elle part, traverse la cour au bruit des balles qui sifflent de tous côtés, manque de recevoir un éclat d'obus, arrive à la chambre de sa religieuse, trouve celle-ci bien tranquillement assise à travailler... La chère sourde avait descendu ses petites affaires comme les autres, mais sa personne, elle l'avait oubliée !

Le couvent faisait toujours l'objet de la convoitise des ennemis. Le major était revenu plusieurs fois à la charge, toujours inutilement. Un jour entre autres, il signifiait encore à la R. Mère qu'elle allât loger ailleurs. Peu habitué à la résistance, il s'opiniâtrait... Arrive fortuitement l'envoyé de la divine Providence, un cœur chrétien ne peut le désigner autrement : « Madame, dit-il à la vénérée Supérieure, tenez-vous prête à recevoir quarante blessés d'ici deux heures... » Force fut au major de renoncer à l'idée d'envoyer ses diaconesses prussiennes. Pour mettre fin à ses tracasseries, le conseil des ambulances fit transporter du lycée tous les blessés français ; nous en reçûmes en tout jusqu'à cent soixante.

Bientôt l'autorité prussienne fit partir, pour en faire des prisonniers, ceux qui pouvaient à peine marcher ; d'autres furent disséminés dans des ambulances du nord, une fièvre purulente déterminée par l'épuisement des pauvres malades, menaçant de devenir contagieuse.

Des deux cent cinquante bombes lancées contre la ville pendant la bataille, pas une n'atteignit notre cher Couvent, cependant sur la ligne du tir ! Ainsi Dieu le protégeait et le bénissait. La R. Mère était là : toutes ses Filles se croyaient en sûreté près d'elle. Ne savait-on pas son mérite, ses angoisses, ses larmes versées en secret devant le Tabernacle, ses supplications, ses nuits sans sommeil, les délicates et incessantes bontés de sa sollicitude pour tous ! Il en est qu'à notre grand regret, nous devons taire.

Pendant une quinzaine de jours, la chapelle était devenue église paroissiale, la Basilique ayant été profanée par les irrévérences des ennemis et des prisonniers, enfermés là quelques jours. La Communauté et les enfants s'étaient retirées dans l'avant-chœur ; les Bavarois occupaient les stalles des religieuses.

A peine la paix onéreuse et humiliante est-elle signée, que la Mère supérieure se rend en Angleterre. Pour elle, il ne peut être question de repos ! Deux fois de suite, il lui a fallu faire cette traversée qui la rendait toujours si malade. La nouvelle d'une insurrection éclatée à Paris, la plongeait encore dans l'inquiétude. Bientôt il lui fallut partir de nouveau ; les réparations à faire au couvent de Soissons réclamaient sa présence ; de là elle se rendit à Bar où l'appelaient ses filles qu'elle avait hâte de revoir.

Un peu plus tard, après avoir dirigé et emballé elle-même les objets nécessaires à une chapelle et au culte, elle les porta à la nouvelle fondation qu'on essayait en Angleterre.

Telle était la vie faite à la Mère générale par les événements de la période 1870-71. Le Ciel seul peut dignement récompenser l'abnégation poussée jusqu'à l'héroïsme ; la terre fit ce qu'elle put pour témoigner son admiration.

La vénérable Supérieure reçut le 15 août, de la part du gouvernement, une croix et un diplôme attestant le dévouement de la Communauté dans les soins donnés aux blessés pendant la guerre. Les religieuses se réjouirent comme des enfants, de voir leur chère Mère décorée ; elle-même ne fit qu'en rire ; son regard était plus haut ; sur la Croix du Calvaire, sur le Dieu crucifié, son divin Époux, sur le Ciel à conquérir !

CHAPITRE V

FONDATION EN ANGLETERRE 1871.

Nous avons laissé quatre religieuses de la Croix quitter la Maison mère de Saint-Quentin le 5 septembre 1870, pour se rendre, à la voix de l'obéissance, dans la Grande-Bretagne, afin d'y chercher pour leurs Sœurs un refuge en cas de besoin. Nous nous sommes promis de les suivre.

Parties au lendemain de la proclamation de la République, elles pouvaient s'attendre à plus d'un incident de voyage en ces jours troublés.

Trois heures de l'après-midi sonnaient

lorsqu'elles franchirent le seuil de leur cher Couvent; à cette heure, la religieuse de la Croix surtout est plus disposée au sacrifice; était-il plus grand pour celles qui partaient que pour la R. Mère obligée de laisser aller ainsi ses Filles au devant de bien des difficultés, des périls peut-être!...

Un bon et fidèle serviteur les conduisit en voiture particulière jusqu'à Ham où elles devaient prendre le train pour Amiens. Là, il leur fallut attendre des heures au milieu d'une foule d'émigrants, en nombre si considérable que certainement il n'y aurait pas de place pour tous! Puis, d'un instant à l'autre, pouvaient surgir les Prussiens! Quelle attente déjà pleine d'anxiétés! Enfin le train parut : il fallut se hâter, se précipiter dans un wagon pour y trouver quatre places : Dieu aidant on y réussit. Les chères voyageuses quittaient Ham à onze heures du soir, étaient dans Amiens à trois heures du matin seulement, et à Boulogne, environ quatre heures plus tard.

Une pluie incessante rendait cette journée encore plus pénible. Le soir eut lieu l'embarquement; la traversée fut un peu orageuse et la mer très mauvaise pendant deux heures; il n'en fallait pas tant pour rendre malades de pauvres cœurs déjà bouleversés.

A dix heures du matin, les chères exilées mettaient pied sur cette terre où elles étaient appelées à glorifier Dieu, à y planter sa Croix toujours victorieuse. Après être montées dans un cab, elles demandèrent à être conduites au couvent de l'Enfant Jésus où elles connaissaient deux religieuses, venues en France peu d'années auparavant. Le cabman les conduisit bien à la rue indiquée, mais les numéros des maisons étaient changés; les Religieuses de l'Enfant-Jésus avaient quitté leur ancien domicile, en sorte qu'il devint impossible de les trouver... Après avoir pris de nouvelles informations et reçu enfin l'adresse du couvent

6

de l'Enfant-Jésus, les voyageuses y arrivèrent à quatre heures du soir.

Les religieuses étaient pauvres, leur maison, petite; la supérieure s'excusa de son mieux, disant qu'à peine pourrait-elle loger deux personnes; encore, les deux Mères plus âgées qui acceptèrent l'hospitalité pour une nuit, ont-elles toujours pensé que les pauvres religieuses avaient donné leurs propres lits. Les deux autres Mères prirent tout de suite le chemin de fer de l'Ouest pour se rendre à Snaresbroock, chez un parent de l'une d'elles où elles furent reçues avec une cordialité parfaite. Ce Monsieur eut la bonté d'aller, dès le lendemain, au Couvent de l'Enfant-Jésus pour avoir des nouvelles des deux Mères restées là. Il y apprit qu'elles venaient de le quitter pour aller au couvent de la Mercy. A peine y était-il lui-même qu'il y fit la rencontre de M. Anderdon, parent de l'illustre Mgr Manning, archevêque de Westminster. Ce vénérable prêtre, ayant entendu parler de l'embarras où se trouvaient des religieuses françaises et de l'impossibilité où était la supérieure de l'Enfant-Jésus de les loger, était allé les prendre et les conduire lui-même au couvent de Saint-Edward's.

Aussitôt les deux Mères de Snaresbroock averties, vinrent rejoindre leurs compagnes. Enfin elles se trouvaient réunies après bien des perplexités, mais aussi par la protection visible de la divine Providence qui ne leur avait jamais manqué.

N'était-ce pas encore Elle qui les faisait aboutir à la sainte maison de Blandford Square dont elles ne surent jamais assez louer la gracieuse hospitalité.

Les Religieuses de la Mercy les traitèrent toujours comme des sœurs; partageant avec elles leur vie de famille, elles leur avaient abandonné des cellules, des stalles; au réfectoire, les chères émigrées furent contraintes d'accepter les places d'honneur.

Admises aux récréations du soir de la Communauté, elles y purent admirer à leur aise la cordiale charité, l'exquise politesse de chacune.

Ce n'était pas assez; arriva le 14 septembre, jour de la seconde fête patronale des religieuses de la Croix. Par une ineffable délicatesse, la très digne supérieure de la Mercy ne voulut pas qu'elle passât inaperçue ou plutôt elle s'ingénia pour faire oublier aux exilées qu'elles étaient loin de leur patrie, de leur famille religieuse et surtout de leur bien-aimée Mère générale.

Jusqu'à dix heures du soir, on chercha vainement un prêtre pour chanter une grand'messe, le lendemain au couvent. Du moins l'autel fut paré comme aux jours de fête. Chaque religieuse, rencontrant nos Mères, leur offrait des souhaits et des promesses de pieux souvenirs devant Dieu; les petites filles leur baisaient la main.

L'après-midi, la bonne supérieure envoyait

à chacune de ses filles adoptives, une belle image peinte par les sœurs du couvent. Le soir, il y eut salut solennel et sermon en français par l'excellent M. Anderdon qui, après, s'entretint particulièrement avec nos religieuses, prit à cœur leurs intérêts, cherchant les moyens de faire avancer leurs projets de fondation.

Quelques jours après, une demoiselle de grande piété étant venue au couvent voir l'une de ses amies, lui demanda si, parmi les religieuses qui avaient trouvé asile à Saint-Edward's, il n'y en aurait pas quelques-unes dont le bon Dieu voudrait doter Blackheath, petite ville près de Greenwich, sa résidence. Ce fut un trait de lumière, une espérance pour les Mères de la Croix. Elles résolurent de se rendre à Blackheath, y firent plusieurs voyages et fixèrent leur choix sur l'une des maisons situées près de l'église.

Sur ces entrefaites, l'avenir devenant de

plus en plus sombre en France, arrivèrent quatre autres religieuses de Saint-Quentin, le 4 octobre 1870. Elles trouvèrent à la Mercy le même accueil que celles qui les avaient devancées; toutes s'accordent à dire qu'elles ne pourront jamais exprimer ni assez reconnaître les vertus, la ferveur, la charité aimable et généreuse de cette sainte communauté.

Dès leur arrivée, les nouvelles venues se mirent à l'étude de l'anglais et cherchèrent à se rendre utiles. Pendant ce temps, d'après les avis réitérés de la R. Mère générale, deux de nos Religieuses se rendirent à Londres pour y voir le R. Père Chaurain, supérieur des Maristes. Elles trouvèrent en lui un ami dévoué, une véritable Providence.

Le 8 novembre fut un jour de bonheur : la R. Mère Got arrivait avec une de ses religieuses! On ne peut rendre la joie que toutes éprouvèrent à se revoir! Elle fut partagée par les dignes religieuses que la Mère générale ne pouvait assez remercier. A l'accueil qui lui fut fait, elle put comprendre la charité pleine de délicatesse dont ses Filles étaient entourées depuis plus d'un mois.

Après une journée d'un demi-repos, la R. Mère se rendit tout de suite à Blackheath, avec le R. Père Chaurain et une religieuse. Elles virent ensuite le T. Révérend Chanoine Dannell, vicaire capitulaire; Mgr Manning, les R. Pères Jésuites; tous les accueillirent avec la plus grande bonté et leur donnèrent de très bienveillants encouragements. La fondation de Blackheath offrait quelques difficultés. Enfin, le 24 décembre arrivait la copie du bail; mais voici que le soir de ce même jour, tandis que nos Mères se préparaient dans le silence et le recueillement à la solennité de la messe de minuit, elles reçoivent du notaire une lettre, leur annonçant une clause du bail original du

propriétaire, mentionnant sa volonté ex-
presse que la maison ne fût jamais occupée
par un pensionnat... Tous les projets étaient
renversés en un instant! Ce fut un terrible
coup pour les pauvres Mères; la Foi vint à
leur secours, en leur rappelant que rien n'arrive que par la permission de Dieu et pour
notre plus grand bien. Sans nul doute désormais, ce n'était pas à Blackheath que
Dieu voulait la Croix; il fallait recommen-
cer à chercher où la planter. Leur résignation fut au-dessus de leurs mécomptes.

Une autre contrariété les préoccupait
grandement : c'était d'imposer encore leur
présence aux bonnes religieuses, mais leur
R. Mère et la Mère de Pazzi, la digne assistante, les assurèrent si bien qu'elles ne
les gênaient pas, qu'à l'avenir comme par le
passé, elles trouveraient une hospitalité affectueuse; toutes leur témoignèrent tant de
sympathie, que cette circonstance fut une
occasion de plus pour les Mères de la Croix

d'admirer cette exquise et délicate charité que rien ne pouvait lasser.

Les chères exilées firent tout de suite part de la nouvelle à leur Mère générale, s'attendant à une réponse qui les rappellerait sans doute en France... Elles avaient compté sans l'esprit de Foi, le courage de la R. Mère qui poursuivait son but avec une noble énergie et une invincible confiance en Dieu. Elle leur écrivit de prier plus et mieux que jamais, de prendre de nouveau conseil des personnes qui leur avaient déjà témoigné tant d'intérêt.

Les pauvres Mères tournèrent encore les yeux du côté de Blackheath ; incertaines des desseins de Dieu, elles firent plusieurs tentatives qui n'aboutirent jamais.

Le 19 janvier, une affiche paraissait sur les murs de Londres : « *La ville de Saint-Quentin au pouvoir des Prussiens!* » Qu'on juge de ce qu'éprouvèrent alors les chères émigrées ! Pendant plusieurs jours, leurs

angoisses allaient croissant; les communications avec la France étaient devenues
presque impossibles! Mais de l'autre côté de
la Manche, un cœur de mère pensait à
elles, et il trouva le moyen de faire mettre
à une poste du Nord plusieurs lettres, propres à les tirer d'inquiétude. Elles étaient
toutes remplies des marques de la protection
d'En-Haut sur la bien-aimée Maison Mère
de Saint-Quentin, sur la ville elle-même.

Le R. Père Chaurain, le bon curé de
Greenwich cherchaient toujours, en même
temps que nos Religieuses. Au mois de
mars, le R. Père les engageait fort à prendre, d'après le désir de M. le Curé, un orphelinat à Greenwich même. La Mère générale avertie était sur le point d'accepter.
Soudain l'on apprend qu'une autre Communauté se présente, qu'il faut une réponse
définitive dans les quarante-huit heures. Le
moment était critique : il y avait beaucoup
de raisons pour, il n'en manquait pas de

graves contre. On envoie un télégramme à la R. Mère; elle se décide à partir immédiatement, arrive le 18 mars à la Mercy. Le lendemain 19, jour où pour la première fois les fidèles devaient honorer saint Joseph comme patron de l'Église universelle, doit rester un jour mémorable pour les Religieuses de la Croix. La R. Mère, voulant avant tout avoir la pensée du Révérend Chanoine Dannell sur l'orphelinat en question, se rendit chez lui. Le Révérend Chanoine était absent et se préparait à la consécration épiscopale dans la retraite de Manresa, à Rochampton. Il y reçut la R. Mère et ses compagnes avec une bonté plus grande encore que les fois précédentes et leur dit, entre autres bonnes paroles : « Allez, cherchez, allez où vous voudrez, mais je désire que vous restiez dans mon diocèse. » Puis il engagea les Religieuses à ne pas quitter Rochampton sans avoir vu le R. Père Gallwey, recteur des Jésuites.

Au sortir même de l'appartement de Monseigneur, la première personne que rencontrèrent les voyageuses fut le vénérable Père. Après avoir écouté, avec l'attention la plus bienveillante, le récit des embarras de leur situation, il se recueillit un instant. Ces quelques secondes furent presque solennelles. Qu'allait inspirer Dieu à son serviteur?... « Pouvez-vous attendre, furent ses premiers mots ; je veux dire, pouvez-vous vous suffire à vous-mêmes pendant quelque temps ? » Après une réponse affirmative, il parla de Bournemouth, pays du sud de l'Angleterre, renommé pour la salubrité du climat, où beaucoup de bonnes familles vont passer la mauvaise saison, d'autres prendre des bains de mer l'été. « Là vous auriez des chances de réussite, avec le temps, » dit le R. Père, en prenant congé des Religieuses, car il était attendu.

La Mère générale et ses filles regardèrent cette entrevue comme providentielle, se hâtèrent de retourner à la Mercy faire part des démarches de la journée et des lumières qu'elles avaient reçues.

Les bonnes Religieuses de St-Edward's s'en réjouirent avec elles et se demandèrent comment elles-mêmes n'avaient pas pensé à Bournemouth qui ne leur était pas inconnu. Le bon Dieu avait ses desseins, ses moments ; ne voulait-il pas aussi fortifier, encourager les futures fondatrices par le spectacle des exemples admirables qu'elles eurent sous les yeux, pendant plusieurs mois, dans la sainte Maison de Blandford square ? Les Mères de la Croix apprirent plus tard que ce jour-là même, 19 mars, le R. Père Mann, curé de Bournemouth, avait demandé aux fidèles des prières toutes spéciales pour le bien de ce pays.

Le lendemain, la R. Mère et sa compagne de voyage allèrent informer le R. Père Chaurain des démarches de la veille et de leur résultat. Le R. Père fut d'avis qu'on donnât suite à ce projet, le plus promptement possible.

Mais de France parvenaient de très mauvaises nouvelles... la Mère générale craignant pour la Maison de Saint-Quentin et ne sachant si l'on pourrait voyager quelques jours plus tard, eut le courage de repartir malgré toutes ses fatigues, laissant à ses chères Filles le soin de s'occuper de la fondation.

Peu de jours après son départ, l'une des religieuses de la Croix se rendait à Bournemouth où elle était attendue par Lady Georgina Fullerton qui déjà était en connaissance avec nos Mères, à qui elle avait donné beaucoup de marques d'intérêt. Prévenue par la bonne Mère de Pazzi, elle s'était mise aussitôt en recherche.

D'autre part, le R. Père Gallwey avait écrit au R. Père Mann, tout joyeux à la pensée d'avoir des religieuses dans sa paroisse.

On visita plusieurs maisons; rien ne pouvait se décider en un jour; lady Georgina s'offrit à continuer les recherches. Mgr Dannell, le R. Père Chaurain, tout le couvent de la Mercy, les différentes personnes amies de la Maison, désiraient nous voir installées à Bournemouth.

La R. Mère Got crut reconnaître dans cet accord une preuve manifeste de la volonté de Dieu, puisque partout ailleurs il n'y avait eu que des obstacles; elle pressa de son côté. Le jour de Pâques, les religieuses de la Mercy et celles de la Croix formèrent plus que jamais une seule famille; repas, récréations, tout fut en commun, c'était le prélude des adieux.

Lady Georgina, obligée de quitter Bournemouth, avait chargé une de ses amies de continuer la mission de charité qu'elle avait entreprise en faveur des religieuses françaises. Cette dame écrivit qu'une maison convenable était à louer. Aussitôt on alla voir; tout était acceptable, aussi tout fut-il conclu le mardi de Pâques, 11 avril. Enfin la Croix avait son lieu fixe dans la Grande-Bretagne.

Le samedi 15, les religieuses quittèrent avec regret le couvent hospitalier où elles avaient été traitées jusqu'au dernier moment comme des sœurs; la reconnaissance a passé de leurs cœurs dans tous ceux de notre Congrégation; le nom de la Mercy est toujours béni, aimé de nous toutes.

C'était de bien bon augure de commencer une fondation un samedi, jour de la Sainte Vierge; mais toute œuvre de Dieu doit être marquée du sceau de la Croix. Celle-ci n'avait pas manqué depuis le départ de Saint-Quentin; elle devait accompagner, petite ou grande, les chères fondatrices. D'abord leurs bagages, par suite d'un malentendu, ne les suivirent pas, ce qui les obligea à coucher sans draps pendant quelques nuits. De plus, l'adresse de la maison n'ayant pas été donnée exactement, la lettre annonçant leur arrivée n'était pas parvenue; elles trouvèrent cette maison vide de personnes. Quelle déception pour le R. Père Mann qui s'était proposé de la bénir dès leur arrivée, et pour la dame charitable qui se faisait une fête de les recevoir!

Si, du moins, le T. S. Sacrement y eût été! mais il fallait se résigner à rester longtemps encore peut-être sans ce riche trésor! Devant cette insigne privation, les autres étaient comptées pour bien peu de chose. Aussi ne fit-on que rire lorsqu'un jour, on se trouva sans pain à l'heure du repas et l'on ne put que dîner de meilleur appétit à trois ou quatre heures du soir.

Le lendemain de l'arrivée étant un dimanche, les religieuses allèrent à une première messe dans l'église catholique. A la seconde, le R. P. Mann les recommanda aux dames qui vinrent ensuite en grand nombre leur souhaiter la bienvenue. Il fut convenu dès lors qu'elles se réuniraient au couvent, une fois par semaine, afin d'y travailler pour les pauvres.

Toutes les difficultés n'étaient pas levées pour l'achat de la maison; elles durèrent jusqu'en octobre 1871. On se heurtait à un contrat inacceptable.

La R. Mère qui avait déjà fait plus d'un voyage à ce sujet, revint de nouveau, fit venir de Londres un notaire catholique qui la tira d'affaire en quelques heures.

Le premier but du voyage de la Mère générale était atteint; restait le second, encore plus précieux pour toutes; assurer la présence réelle de N. S. à ses chères Filles, en même temps que tous les secours d'un aumônier. A Londres, la Mère Got visita, dans cette fin, Mgr Dannell, en causa avec lady Fullerton, avec les autres amis de la maison; tout fut inutile pour le moment. On s'occupa quand même, un peu plus tard, sous la direction ingénieuse de la R. Mère, de préparer une petite chapelle ; la première messe y fut dite le 21 novembre, jour de la Présentation de la Sainte Vierge ; un modeste chemin de Croix érigé consola beaucoup les chères habitantes de Mineham et l'une d'elles prononça, ce jour-là, ses derniers vœux. Cette multiple cérémonie fit naitre dans les cœurs de bien douces émotions ; leur bonheur fut à son comble lorsqu'un mois après, le R. Père put laisser la sainte Réserve au Couvent. Mais ce ne devait être que vers la cinquième année de leur résidence que les pieuses fondatrices purent enfin avoir le Saint Sacrifice chez elles chaque jour, et jouir de tous les avantages résultant des soins d'un aumônier affecté au Couvent.

Il avait fallu agrandir Mineham déjà trop petit. Dieu sait ce que cette fondation coûta de soucis, de fatigues à la R. Mère Got ; on peut dire qu'elle l'arrosa de ses larmes et de ses sueurs. La pensée d'implanter la

Croix sur un sol infesté d'hérésie, d'y faire connaître et triompher la vraie Foi, la soutenait toujours; sa plus douce consolation, comme sa plus chère récompense, la seule qu'elle ambitionnât, fut d'apprendre les succès de ses religieuses, surtout dans les retours nombreux qu'elles obtinrent au catholicisme.

CHAPITRE VI.

La sollicitude de la R. Mère pour la petite colonie anglaise ne lui avait rien ôté de celle qui s'étendait à tout dans la Maison mère.

Préoccupée de l'accroissement que prenait l'externat moyen dans un local qui devenait insuffisant, elle loua et acheta ensuite une maison voisine où maîtresses et enfants furent beaucoup plus à l'aise.

En cette même année 1872, elle dut conduire à Auteuil une de ses religieuses dont la santé réclamait un traitement particulier. C'est dans de telles circonstances qu'on pouvait se rendre compte encore plus, de ce que renfermait ce cœur de mère. Que de soins, que de recommandations à tous! comme elle s'assurait de l'entourage utile et agréable qui devait faire prendre patience à la chère malade!

Mais elle avait beau faire, beau prévoir, rien ne dédommageait assez de l'éloignement de la famille religieuse et surtout de l'absence d'une mère! Le traitement ne produisit qu'un soulagement momentané; la noire mélancolie qui n'eût osé se présenter à la cellule du couvent, essayait d'entrer tête levée dans l'appartement luxueux d'Auteuil. L'espérance avait brillé après une neuvaine faite aux saints martyrs de la Commune; un mieux s'était même accentué, mais la guérison fut loin d'être complète; la malade qui entrevoyait une longue série de soins encore nécessaires, demanda instamment son retour. Elle revint à la Maison mère pour y languir plus ou moins encore une dizaine d'années, et s'envoler, en 1882, de son lit de souffrances au Paradis!

La Mère générale visitait ses maisons de Soissons et de Bar lorsque se présenta une postulante d'une si petite taille qu'elle en était gentille. La pauvre enfant se sentait attirée vers les malades, mais dans toutes les Maisons de charité où on l'avait vue, sa mignonne personne l'avait fait éconduire. Amenée à Saint-Quentin pour se présenter à l'Hôtel-Dieu avec une lettre de recommandation, elle se vit encore poliment évincée, toujours pour la même raison. Touchées de son chagrin, les religieuses hospitalières lui parlèrent de la Croix et l'engagèrent à y voir Madame la Supérieure. En l'absence de celle-ci, on ne pouvait rien décider, mais les Mères du Conseil proposèrent de garder la jeune fille jusqu'au retour de leur bonne Supérieure. Ce furent encore des jours d'angoisses pour la pauvre prétendante. Aussi dès l'arrivée de la R. Mère on se hâta d'en causer avec elle et, sur son désir, de lui amener la jeune fille, toute tremblante d'é-

motion. Un bon sourire la rassura : « Mon
« enfant, lui dit l'excellente Mère, votre
« petite taille est pour vous un motif d'ac-
« quérir une plus haute vertu ; si vous vou -
« lez me promettre de devenir aussi grande
« en vertu que vous êtes petite en taille, je
« vous permets de demander l'entrée du
« Noviciat à la Maîtresse des novices. »

Ces paroles, accompagnées d'un baiser
bien affectueux, transportèrent de joie la
nouvelle postulante, qui s'appliqua dès lors
à réaliser le pieux désir de la Mère supérieure.

Au mois de septembre 1874, la R. Mère
eut le chagrin de voir M. le chanoine
Turquin, l'excellent et dévoué aumônier de
la Croix depuis vingt-six ans, obligé de se
retirer, par suite des fatigues de son long
et laborieux ministère. Le bon chanoine
était devenu presque aveugle. Il laissait à
tous des regrets bien motivés par son dévouement, par la loyauté de son caractère

et par son extrême bonté. Lui-même ne se consola de quitter la communauté et le Pensionnat que parce qu'il laissait les âmes qui lui étaient chères aux mains de M. l'abbé Brancourt, son digne neveu.

La mort de M. Turquin, arrivée le 14 mars 1880, à Chalandry, son pays natal où il s'était retiré, trouva nos cœurs encore pleins de reconnaissance; nos regrets et nos prières l'ont suivi dans la tombe et au delà.

Une visite bien agréable vint réjouir le cœur de la Mère générale : elle put recevoir à la Maison mère l'excellent Père Chaurain qui laissa deviner, par son affable simplicité, par la bonté et l'intérêt qu'il témoigna, tout ce qu'il avait dû être pour nos sœurs d'Angleterre.

La salle de récréation a besoin d'être agrandie; la chapelle également; mais où trouver de l'espace? Si l'on supprime le réfectoire de la communauté, où les religieuses prendront-elles leurs modestes repas? Un emplacement n'eût pas été tout à fait introuvable, mais ce qui n'eût peut-être surgi dans aucun autre esprit que celui de la R. Mère, c'était de faire communiquer le sous-sol avec la cuisine qu'un bâtiment entier sépare, semble-t-il, à toujours.

La R. Mère Got ne connaît d'obstacle que pour les surmonter; un long corridor souterrain, creusé sous la salle de jeux des enfants, conduira de la cuisine au nouveau réfectoire! Vite les ouvriers à la besogne... Ils piochent avec courage; tout à coup, sous un grès, ils trouvent quelques pièces d'or!... Grand émoi et silence tout d'abord; on se partage la trouvaille, mais l'un d'eux, mécontent de son lot ou favorisé d'une conscience plus délicate, publie la nouvelle et prévient la justice; le commissaire arrive, le code à la main, fait restituer toutes les pièces, en adjuge la moitié au propriétaire, l'autre à celui qui les avait trouvées. Cette monnaie paraissait avoir été frappée sous Philippe-

Auguste, sous Philippe de Valois et sous Jean le Bon; il est à présumer qu'elle a été cachée là par quelque seigneur châtelain ou banneret, à l'époque de la guerre de Cent ans.

La Mère supérieure, toujours désintéressée fit, avec la part qui lui était échue, plaisir à quelques amateurs et ne garda qu'une ou deux pièces pour enrichir notre collection.

Les travaux furent poursuivis avec plus d'ardeur peut-être par les terrassiers et bientôt la Communauté put admirer le génie inventif de sa bonne supérieure. Par le long corridor, une serveuse roulante à trois ou quatre étages, apportait les plats à la porte même du réfectoire. Il n'y avait qu'à les prendre, en songeant à la maternelle direction dont on ressentait partout les bienheureux effets.

Le 11 novembre 1875 était le cinquantième anniversaire du jour où la digne as-

sistante de la R. Mère Got avait prononcé ses
vœux, au couvent de la Nativité. Le bon
Ange de la Mère générale que chacune, par
une heureuse expérience, nommait l'*ange
des délicatesses,* lui suggéra de ménager à
sa chère assistante les plus agréables surprises. On peut en voir tous les détails dans
la *Vie de la Mère Aloysia;* le lecteur en
sera charmé. De Roussillon comme de Saint-
Quentin, ce fut un chant, un hommage du
cœur à la vénérée jubilaire. L'une de ses
anciennes élèves du midi lui écrivait après
le compte rendu de la fête : « Je pensais
« bien que votre R. Mère vous ferait une
« surprise; mais jamais il ne me serait venu
« à l'idée qu'elle ferait prendre notre cos-
« tume à l'une de vos Mères pour vous
« complimenter en notre nom... Comment
« une supérieure aussi ingénieuse qu'em-
« pressée à faire plaisir, ne ravirait-elle pas
« le cœur de toutes ses filles! Puisse le
« Ciel vous la conserver bien longtemps! »

Depuis près d'un an, la Mère générale avait fait reprendre, pour l'agrandissement de la chapelle, les travaux interrompus par la guerre.

Quel fut le bonheur de toutes, lorsque, le 19 mars 1876, la toile qui séparait la nouvelle bâtisse de l'ancienne fut soulevée! On put admirer alors le bel effet produit par la prolongation du sanctuaire dans un style ogival, enrichi de trois belles verrières représentant les scènes de l'Agonie, du Crucifiement et de la Descente de croix. Un magnifique autel en pierre sculptée (1) laisse voir la sépulture de Jésus; c'est une reproduction exacte du chef-d'œuvre de Richié qu'on admire dans l'église de Saint-Mihiel. Le tout est parfaitement exécuté; il est facile de reconnaître qu'un cœur dévoué à honorer la Passion de N. S. et consacré à sa croix, a choisi ce qui pouvait le mieux

(1) Cet autel fut consacré, le 26 octobre 1876, par Mgr Thibaudier, évêque de Soissons.

entretenir cet amour parmi les Épouses de Jésus crucifié. Puissent toutes les générations qui viendront successivement prier devant cet autel, payer un juste tribut de reconnaissantes suppliques, en faveur de la R. Mère Got.

On comprend que ce long et beau travail, ne s'est pas fait sans qu'elle ait passé des heures nombreuses, debout au milieu des ouvriers pour qui elle avait toujours des encouragements si pleins de bonté ! Aussi quand vint la veille de sa fête, spontanément, ils se réunirent, lui offrirent un beau pot de fleurs, accompagné d'un charmant discours. Le lendemain, jour de la Saint-Charles, un bon goûter leur était servi par les soins de la R. Mère. Ils oubliaient volontiers les tartes, les autres gâteries, pour la regarder et sourire à sa chère présence. La R. Mère n'était pas moins contente qu'eux.

A côté d'une consolation, le divin Maître

plaçait toujours une épreuve pour sa fidèle servante. Des réparations urgentes après un ouragan, se faisaient à la maison de campagne ; le peu de solidité d'un échafaudage occasionna la chute de deux hommes ; l'un fut tué sur le coup, l'autre, grièvement atteint, reçut à Saint-Joseph même, les soins les plus assidus et les plus intelligents ; son âme et son corps furent les objets d'une touchante sollicitude de la part de la R. Mère. On la voyait, malgré ses nombreuses occupations, aller chaque jour porter à son cher malade quelques adoucissements. Lorsqu'il fut transportable, on le conduisit à l'Hôtel-Dieu où le suivirent les bontés de la R. Mère Got. Elles n'eurent fin qu'avec la maladie et l'assurance d'une complète guérison.

Au mois de septembre 1876, la Mère générale reçut la visite du vénérable Mgr Cataldi, protonotaire apostolique, venu en France pour diriger les fêtes du couronnement de N. D. de Lourdes et y assister comme délégué du Saint-Père. Rarement la communauté avait vu un prélat étranger aussi bon, aussi affable, aussi rempli d'intérêt et disposé à le lui prouver en toutes choses. La R. Mère en profita pour entretenir le bon dignitaire d'un projet qu'elle avait fort à cœur : l'approbation des Règles de la congrégation de la Croix. Elle fut grandement encouragée et fortifiée dans ses pieux désirs. Aussi Mgr Thibaudier devant se rendre à Rome au mois de janvier suivant, et emporter plusieurs copies des Constitutions, la R. Mère mit à la besogne, presque sans désemparer, les meilleures copistes ; le dévouement ne manqua ni à celles-ci ni à celles qui devaient les remplacer dans leurs emplois. Il fallut prendre souvent sur le repos de la nuit ; la bonne Supérieure avait soin de distancer les veilles des travailleuses ; pour elle-même c'était chaque soir son tour.

Certainement il lui fallut une grâce spéciale pour suffire à tant de labeurs, venant s'ajouter à ses fatigues ordinaires!.. Du moins sa joie fut grande, lorsque, moins de deux ans après, elle reçut de la cour de Rome, pour sa chère Congrégation, un décret *laudatif*, premier degré d'une approbation définitive.

L'énergie, le dévouement, plus d'une fois, on le devine, avaient atteint les limites du possible chez la R. Mère. De temps à autre, sa robuste constitution faiblissait cependant; son courage, toujours au-dessus de ses forces, la remettait vite sur pied. Prise d'une inflammation dans la gorge, d'une fièvre ardente, elle nous donnait de vives inquiétudes. Quelle personne, dans sa soixantième année, se condamnerait à un pareil surmenage!... La pauvre Mère devait en embrasser encore bien d'autres! Après trois semaines d'un érésipèle inflammatoire dans la gorge, n'ayant pu goûter de repos ni jour ni nuit, dès qu'elle se sentit un peu mieux, elle voulut reprendre la vie commune. Le Docteur en sortant de sa chambre ne put comprimer davantage son admiration : « Quelle « énergie, exclama-t-il ! Grand exemple « qu'elle vous donne, Mesdames ! »

Le mois de septembre 1877, en ramenant le bon Mgr Cataldi, fit passer quelques moments de douces jouissances.

A sa dernière visite, il avait remarqué particulièrement l'excellente Mère Jumeaux, alors âgée comme lui, de quatre-vingt-cinq ans. Monseigneur la félicita de ce qu'elle l'avait attendu, selon sa paternelle recommandation et voulut lui faire renouveler l'engagement d'attendre encore sa visite de l'année prochaine ; mais la vénérable Mère ne put s'y résoudre.

Monseigneur nous déclara qu'il nous appartenait, que la R. Mère pouvait user de lui pour ses affaires en instance à Rome.

La Croix s'habituait facilement à ces visites de hauts personnages qui lui apportaient de si précieuses bénédictions : chaque année, alors que Nosseigneurs les évêques n'avaient pas d'appartements fixes près du presbytère, Monsieur l'Archiprêtre venait demander pour eux l'hospitalité à la Mère supérieure. Heureuse de l'honneur fait à sa Maison, la digne Mère offrait cordialement de modestes chambres qu'elle avait fait orner de son mieux. Sa simplicité si franche, si digne, plaisait à tous ; les évêques, leurs vicaires généraux, ne tardaient pas à découvrir dans leur généreuse hôtesse, les plus rares qualités de l'esprit et du cœur, jointes à la perfection religieuse. Nosseigneurs Dours, Thibaudier, Duval, de si juste appréciation, l'admiraient sincèrement. « Quelle femme, se « disaient-ils, on peut causer de tout avec « elle! » Leurs Éminences, Mgr Guibert, archevêque de Paris ; Mgr Langénieux, archevêque de Reims ; Nosseigneurs Mermillod, évêque de Genève ; Sourrieu, alors évêque de Châlons, Gignoux, évêque de Beauvais, Bataille, évêque d'Amiens ; Gonindard, évêque de Verdun ; Foulon, évêque de Nancy ;

Le Hardy du Marais, évêque de Laval, etc.,
venus les uns et les autres aux pèlerinages, se
faisaient vite une haute idée de la Mère
supérieure.

Un an s'était écoulé depuis la dernière
visite de Mgr Cataldi : cette fois, il arrivait
débordant de joie et de paternité ; la Mère
générale était rayonnante aussi : elle tenait en
main ce fameux décret *laudatif* qu'elle avait
tant désiré, ainsi que ses Filles ! On a pu recueillir presque textuellement les paroles de
l'excellent Mgr Cataldi ; nous n'aurions garde
d'en ôter ce qu'elles ont d'un peu étranger à
notre langue, ce serait leur enlever un charme
de plus.

« Mes chères Filles, que je suis heureux
de vous revoir !... Oui, je suis bien content...
Je vous aime bien, vous le savez, n'est-
ce pas ? J'ai parlé beaucoup de vous, au Saint
Père. Il aime les Communautés enseignan-
tes. Vos jeunes filles deviendront des épouses, des mères chrétiennes : tout le bien

qu'elles feront dans la société, c'est à vous qu'elles le devront. Donc courage, mes chères enfants, courage!.. Oh! oui, je suis bien content de vous voir toutes réunies autour de moi. Mais je suis heureux surtout parce que je vous apporte, en ce jour d'une fête de la T. S. Vierge. Oh! je vous apporte, le décret laudatif du Saint Père... votre affaire est en bonne voie : nous sommes dans le port... Ah! oui, je suis bien content; j'ai voulu vous l'apporter moi-même; le Saint-Père voulait l'envoyer en France, je lui ai demandé de m'en charger et je suis bien content! Votre Congrégation est la première que le Saint-Père ait approuvée.

« Notre vénéré Saint-Père Pie IX vous aimait bien aussi! Après tout ce qu'il a enduré, il a été jouir de la gloire, du repos éternel... Espérons que l'approbation définitive ne se fera pas trop attendre. Je ferai pour cela tout ce qui dépendra de moi, parce que, encore une fois, je vous aime bien!

8

Oui, j'aime la Croix. Dès le premier jour où je suis entré dans cette Maison, je l'ai aimée. Aussi (il faut que je vous dise cela), je suis encore bien content, parce que j'ai appris tout à l'heure que vous avez beaucoup de novices et de postulantes. Chères enfants! courage, dans les difficultés, les épreuves de la vie religieuse. Il y a bien d'autres épines, d'autres soucis, d'autres dangers dans le monde. Vous faites votre *volontariat*... apprenez à être de bons soldats, oui, de bons soldats de la Croix... La Croix! oh! le beau miroir, le bon livre! Allons, je vais vous bénir au nom du Saint-Père. Je le lui ai demandé, il m'a répondu : « Oui, bénissez-les, encou-« ragez-les... » Et je me suis dit : Je crois bien que je les encouragerai... »

Ici l'excellent Prélat donna la bénédiction papale. Nous croyions qu'il allait nous quitter... Pas du tout.

« Asseyez-vous, mes chères Filles, asseyez-vous... Ma bonne R. Mère, vous per-

mettez bien, n'est-ce pas, un petit moment
de délassement spirituel, cela ne fait pas de
mal. Eh bien! qu'est-ce que je vous dirai
encore?... que je suis content de vous revoir, depuis un an que je vous ai quittées!
Venez, venez ici, mes chères enfants, vous
les postulantes, les novices, venez... » Et
Monseigneur donna à chacune son anneau à
baiser. La R. Mère lui dit alors : « Monseigneur, vous allez faire des jalouses, les professes réclament... » « Oh! bien oui, oui,
qu'elles viennent... » Et sans excepter une
seule chacune baisa l'anneau. C'était une
telle expansion du cœur, selon la propre ex
pression du saint prélat, que tout le monde
était attendri. Mais voici le complément de
cette heure délicieuse... on aperçoit, portée
sur un fauteuil, celle que l'on n'appelait que
la bonne maman Jumeaux.

« Oh! bonjour, ma Mère, bonjour, ma chère
Fille! Quel bonheur de vous revoir! C'est
bien, très bien, de m'avoir attendu depuis

un an... Voulez-vous m'attendre encore jusqu'à l'année prochaine? — « Non, non. » — Ah! écoutez, ma bonne Fille, vous dites tous les jours votre Pater, n'est-ce pas? Eh! bien, il faut vous arrêter longtemps à *Fiat voluntas tua*, entendez-vous? oui, long-temps, parce qu'il faut *uniformer* notre vo-lonté à celle de Dieu, c'est le meilleur. Donc comme Dieu voudra, n'est-ce pas? — Oui. — Allons bien; nous y voilà. Vous êtes le *bébé* du bon Dieu, il faut faire comme un bon bébé qui va se jeter dans les bras de son père. Fiat! comme vous voudrez. Hé, ma bonne Mère Jumeaux, n'êtes-vous pas bien contente? j'ai montré votre photogra-phie au Saint Père, il vous a vue, il vous a admirée? Vous êtes bien contente, n'est-ce pas? Moi aussi, je suis bien content de vous revoir. — Vous êtes bien bon. — Eh! oui, je suis bon, je veux l'être. Si le bon Dieu veut, je désire ne pas mourir avant d'avoir achevé l'œuvre que j'ai entreprise de faire approuver votre Congrégation, et puisque j'ai eu le bonheur et l'honneur d'être si bien reçu par le Saint-Père, lorsque je lui ai parlé de vous, je lui en parlerai encore. Allons, adieu, mes bonnes Filles, adieu, ma bonne Mère Jumeaux, allons, descendez-la, allez doucement dans l'escalier. »

Rien ne pourrait rendre ce que l'on éprouvait. Si le digne prélat eut des larmes dans la voix, il put en voir dans les yeux; mais qu'elles étaient douces ces larmes que faisait couler un intérêt tout paternel! Et qui jouissait plus du bonheur de toutes, que leur Mère générale?...

Un mois après, selon sa promesse, Mgr Cataldi était parmi nous pour célébrer la Messe du Saint-Esprit et voir les enfants. Il leur recommanda le travail, la gaieté surtout et mit le comble à leurs désirs en demandant pour elles un congé. Mais comme il voulait jouir de leur contentement, il fallut le donner tout de suite. Le bon prélat se rendit au jardin ; chacune put l'aborder, causer avec lui ; puis il visita la classe gratuite, l'externat et fut très heureux de se rendre à la chapelle des Enfants de Marie, rappelant avec plaisir qu'il était Préfet des Congrégations d'enfants de Marie à Rome.

Avant son départ, la Communauté eut un bon petit mot : « Mes bonnes Filles, je suis votre Père, sachez-le bien. Je m'appelle Antoine et Antoine de la Croix ; qu'en dites-vous ? ça vous va-t-il, cette dénomination-là ? Allons, au revoir ! » Monseigneur alla retrouver les enfants qu'il intéressa fort en leur parlant du Saint-Père. « *C'est moi qui l'ai habillé en Pape*, » leur dit-il avec cette simplicité qui charmait tout le monde.

Une bonne promenade à Saint-Joseph compléta le congé si heureusement commencé.

Environ trois mois après, la R. Mère toute joyeuse, donnait connaissance à sa Communauté d'une bonne lettre de Mgr Cataldi, lui envoyant, de la part de Sa Sainteté Léon XIII, la bénédiction apostolique, la certitude qu'il s'occupait d'activer les affaires de la Croix. L'excellent prélat terminait par une demande de quelques heures de récréation pour les enfants, le noviciat, voire même la communauté. La R. Mère, heureuse de faire plaisir, accorda tout de grand cœur.

Malheureusement Mgr Cataldi ne put revenir en France en 1879 et au mois de janvier 1880, s'éteignait doucement l'excellente Mère Jumeaux, dans sa quatre-vingt-huitième année ! La Communauté perdait ainsi celle que la R. Mère Got appelait avec tendresse la *relique de l'ancienne Croix,* celle qui, toujours prête à mourir, s'était fait administrer à trois reprises différentes. Elle était si heureuse à la pensée d'aller voir le bon Dieu que Monsieur l'aumônier disait : « Elle est à l'Extrême-Onction comme à une fête. » Mais à l'avant-dernière fois, le Maître de la vie et de la mort sembla s'entendre avec la R. Mère pour lui jouer un bon tour en notre faveur. Un mieux réel se manifesta tout à coup. La chère malade seule ne voulait pas y croire ; elle réclamait les prières des agonisants : « Bien, lui dit sa bonne supérieure, nous allons réunir la communauté. » Dès que celle-ci fut assemblée près du lit de la Mère souriante, sur un signe, toutes entonnèrent le *Magnificat...* Grand désappointement d'une part, grande joie de l'autre.

Les années se passaient ainsi, au milieu de consolations, de jouissances, de traverses et de tribulations bien plus nombreuses. A quoi ne devait-on pas s'attendre, entourées d'une quantité de personnes de tout âge, de tempéraments si divers? Le cortège des misères humaines violait audacieusement la clôture, Dieu ne s'y opposait pas, jaloux qu'Il était d'augmenter les mérites de ses Épouses et d'enrichir le diadème de leur Mère. Qui pourra dire jamais ce qu'elle eut à souffrir en présence de telle ou telle opération jugée nécessaire! Que d'appréhensions, que d'angoisses, que de démarches! Quelle sollicitude! Combien de ferventes prières! Ce qu'une mère ordinaire peut à peine supporter une fois dans sa vie, la Mère générale dut le subir plusieurs. « Oh! disait-elle, ce qu'on éprouve! mais, on ne peut le rendre... *ça vous remue jusque dans les talons!* » Elle en était parfois plus impressionnée que les malades elles-mêmes; témoin la bonne Mère Dubourjal qui, obligée de subir l'extraction d'une glande près du bras, se présenta gaiement aux chirurgiens et chanta le *Magnificat* pendant la durée de l'opération.

Au mois d'octobre 1879, la R. Mère eut la consolation, le bonheur, d'être honorée de la visite de l'illustre exilé de Genève, Mgr Mermillod. Touché de la réception qui lui fut faite, le saint évêque laissa tomber de ses lèvres des paroles qui en découlaient comme l'eau sort, rapide et pure, d'une source élevée. « Lorsque, nous dit-il, je

m'entends donner ces grands noms de
martyr, de Confesseur de la Foi, je me
trouve bien petit, surtout quand je consi-
dère saint Jean Chrysostome chassé deux
fois de Constantinople, saint Athanase,
chassé trois fois d'Alexandrie, saint Fran-
çois de Sales, l'un de mes prédécesseurs,
Pie IX lui-même, prisonnier dans le Va-
tican! Oh! ils ont souffert bien plus que
moi; je suis en exil, c'est vrai. On m'a pris
ma cathédrale, mais j'ai toutes les cathédrales
de France. On m'a pris ma chapelle, mais
j'ai à ma disposition, dans toutes les Communautés, des chapelles qui ne sont pas toujours aussi belles que la vôtre. D'ailleurs, la
souffrance n'est-elle pas le plus grand des
biens, le moyen le plus sûr, le meilleur, pour
se sanctifier et sanctifier les autres? Oui assurément, je crois avoir fait plus pour mon
peuple depuis que je souffre pour lui, que
lorsque j'étais au milieu de lui. Jamais nos
catholiques suisses n'ont été plus fervents;

ils ont des églises de planches, mais ces églises sont revêtues d'âmes et ornées de consciences. Puis, quelle foi! quel courage! Tout récemment, on est venu arrêter un jeune homme, parce qu'il avait protesté en faveur du catholicisme : « *Attendez*, dit-il, *vous m'arrêtez pour ma religion, je veux revêtir mes habits du dimanche, car c'est pour moi un jour de fête.* » Il m'est doux aussi de rencontrer sur cette route de la souffrance les Épouses du Dieu de la Croix. La Croix, mot grave et doux! mot tendre et austère!... Oui, encore une fois, on fait plus pour les âmes en souffrant qu'en agissant. Demandez à la R. Mère quelle est la religieuse la plus utile à sa communauté; elle vous dira que c'est celle qui souffre le mieux, qui souffre davantage.

« Je suis en exil, je suis sûr de faire la volonté de Dieu! Oh! l'immense avantage, la grande consolation! Être où Dieu veut! faire ce qu'Il veut!... Un matin, on est venu

me prendre à mon évêché : on m'a jeté dans
une voiture, au milieu de trois gendarmes ;
on m'a conduit sur les frontières de France...
Je me suis dit alors : Voilà ce que le bon
Dieu veut de toi ; reste en exil, tâche d'y
faire du bien ; prie pour ton peuple, souffre
pour lui. Vous prierez avec moi, vous m'en-
verrez vos anges gardiens ; je dirai au mien
de solliciter pour les mères et les enfants
de cette maison bénie, toutes les grâces
dont elles peuvent avoir besoin et que je
leur désire. Je vais vous donner ma bénédiction comme le gage de toutes celles que
je vous enverrai. »

Tout le monde est resté ravi, embaumé
de tant de simplicité jointe à tant de grandeur.

CHAPITRE VII.

FONDATION EN BELGIQUE 1882.

Les événements politiques de 1880 avaient
amené de nouveaux soucis pour la R. Mère
Got. Désireuse de soustraire ses chères Filles
à la persécution dont elles étaient menacées
et de leur ménager un nouvel asile ailleurs
qu'en France, la prudente Supérieure, cé-
dant aux conseils de plusieurs amis dévoués,
se mit à la recherche avec l'une de ses Filles.
Après des tentatives infructueuses dans les
villes de Bruxelles, de Sittard, de Rure-
monde et de Maëstricht, les voyageuses revinrent résolues d'attendre une manifestation
de la divine Providence. Les choses en étaient
là, lorsque la R. Mère reçut, au commence-

ment de décembre 1881, une lettre conçue à peu près en ces termes :

« Madame la Supérieure,

« J'apprends, par M. le Curé de Braine-le-Comte, que vous cherchez à fonder à l'étranger un pensionnat de demoiselles. Depuis plus d'un mois, je suis moi-même à la recherche, avec le concours de l'évêché de Tournai, d'une congrégation religieuse disposant d'assez de ressources pour fonder une maison de ce genre dans notre nouvelle et populeuse commune qui prend un immense développement, au milieu d'un riche pays industriel et d'une population de plus de soixante mille âmes, dans un rayon d'une lieue. »

Suivaient d'autres renseignements; puis on disait la nécessité urgente de presser une entrevue et des accommodements s'il y avait lieu, afin de pouvoir bâtir au printemps prochain.

La chose paraissait offerte par le Ciel. Avec la sagesse qui la guidait toujours, la Mère générale écrivit aussitôt à un Père de la résidence de Charleroi qu'elle avait vu quinze jours auparavant, lors de son voyage en Belgique. Ce bon Père lui répondit presque immédiatement qu'il connaissait très bien La Louvière puisqu'il y avait sa famille et que, de plus, il était ami de l'auteur de la lettre; qu'il allait le prier de venir le voir pour causer de cette affaire.

Deux jours après, nouvelle lettre où le R. Père s'étendait très longuement sur toutes les circonstances en faveur du projet, comme sur les inconvénients qu'il présentait. On est demandé, désiré par l'évêque; la situation topographique est excellente, sur le plus haut point de la localité, à proximité de plusieurs gares des lignes de Charleroi, de Mons, de Quiévrain, d'Erquelines, etc. Un bien immense à faire, des chances presque certaines de succès. D'autre part, inquiétudes que donnent les temps que nous traversons ; précautions à prendre ; instances pour que la R. Mère aille à Tournai s'entendre avec l'évêque. Tout de suite, elle sollicita une entrevue de Mgr du Roussaux. Immédiatement, l'un des vicaires généraux indiqua le jour et l'heure de Mgr de Tournai.

Le 21 décembre, la Mère générale partit avec la Mère Pinon. Toutes deux reçurent de l'évêque le plus bienveillant accueil, les meilleurs encouragements, les plus douces assurances de paternelle protection et d'espérances de succès pour l'avenir. Seulement lorsqu'on en vint à la question d'un prêtre faisant les fonctions d'aumônier, Monseigneur ne crut pas pouvoir disposer d'un ecclésiastique pour ce service religieux : « *Eh bien*, dit la R. Mère, *pas de prêtre, pas de religieuses...* » Elle ne quitta le palais épiscopal que lorsqu'elle fut sûre que ses Filles auraient tous les secours religieux nécessaires à une communauté enseignante. L'évêque de Tournai, comme les autres, fut amené à admirer cette fermeté de caractère, cette forte organisation, la rectitude de son jugement : *C'est une femme de tête*, disait-il à son entourage ! Il lui témoigna toujours la plus haute estime et une sorte de vénération. A sa première visite à La Louvière, il la salua de ces mots : « *Ah ! voilà la grande Mère de toutes les Croix !* »

Aussitôt l'entente avec toutes les autorités ecclésiastiques et civiles, les travaux de la nouvelle fondation furent commencés. Qui pourrait dire les démarches, les voyages multipliés de la Mère générale pendant la durée de la bâtisse ! Elle s'entendait avec l'architecte belge, et plus d'un heureux changement fut le résultat de ses judicieuses observations.

Pour ne pas trop retarder le bien qu'il y avait à faire dans ce pays, on loua près de la maison qui s'élevait assez rapidement, un petit local nommé *le château Benoît*, du nom de celui qui l'avait habité. De là, les religieuses pouvaient surveiller les travailleurs, une porte de communication, ouverte dans le jardin, le leur permettait.

Tout ayant été préparé et prévu par la zélée supérieure générale, le mercredi de Pâques, 12 avril 1882, elle arrivait à La Louvière avec quatre religieuses de chœur et deux sœurs coadjutrices. Les cœurs étaient pleins de divers sentiments; tristes de quitter la maison où l'on s'était si bien dépensé jusque-là, ils se réjouissaient à la pensée de faire la volonté de Dieu, manifestée par la voix des supérieurs; d'autre part, un sentiment indéfinissable qu'on éprouve toujours en face de l'inconnu, saisissait les âmes... Heureusement, les futures fondatrices avaient pour compagne de voyage une excellente et dévouée sœur, au caractère gai, original, enchantée de voir du nouveau. Elle avait au bras un immense panier dont, en qualité de cuisinière, elle s'était chargée de plein gré et où elle avait renfermé toutes sortes de provisions, de petits ustensiles. Ce fameux panier faillit être funeste aux voyageuses : la pauvre sœur eut tant de peine à le faire passer à la porte du wagon, que celle qui la suivait, ne pouvait monter et le train se mettait en marche ! Grâce à la complaisance d'un employé, on put enfin se caser à temps. « Je ne pensais qu'à prendre, disait la bonne sœur, parce que je me doutais bien qu'en fondation, on ne trouve que les murs et qu'alors on n'a que ce que l'on retire de ses poches. »

Aussi les avait-elle remplies outre mesure ! Personne ne s'en plaignit, surtout, à l'arrivée. A Aulnoye les voyageuses rencontrent la Mère Duquesne venant de Bar et la Mère Devivaise, de Soissons. La première, bien connue par son grand esprit de Foi et son dévouement, devait être la supérieure de la nouvelle maison; la seconde, son assistante. A mesure qu'elles approchaient de La Louvière, les fondatrices priaient en silence ; à l'aspect des grandes cheminées des usines, des hauts-fourneaux du pays, une émotion indescriptible s'empara des cœurs ; des larmes coulèrent doucement ; larmes d'actions de grâces d'avoir été choisies pour implanter la Croix sur ce sol étranger ; larmes de supplications ferventes qui demandaient au Dieu crucifié aide et protection.

A la gare, les nouvelles arrivées trouvèrent pour les accueillir, avec la plus parfaite cordialité, le fils même du promoteur de l'œuvre. Une foule d'enfants suivaient et les habitants saluaient d'un air heureux.

Le jeune homme conduisit les voyageuses chez son père où les attendait une cordiale hospitalité. On s'entretint beaucoup des desseins de la divine Providence, de la manière dont elle avait préparé cette fondation et, avec la conviction d'une foi ardente et profonde, le respectable M. Bastin s'écriait :

« Oui, Mesdames, Dieu vous veut ici; sa volonté nous a été manifestée clairement; pour moi, il n'y a aucun doute possible. »

La R. Mère était fortement émue, mais jouissait. En se rendant au château Benoît, elle entra dans l'église du pays avec ses chères Filles; quelle prière ardente elles y firent!

Pendant ce temps, M. Bastin les avaient devancées à leur nouvelle demeure. Avec la distinction et l'amabilité qui le caractérisaient, M. Bastin leur dit : « Maintenant, Mesdames, vous êtes chez vous; c'est vous désormais qui me recevrez » et il remit les clefs à la R. Mère. Puis, avec ses deux fils, il s'empressa d'aider pour l'emménagement. Ces Messieurs ne partirent qu'après s'être assurés que les Religieuses avaient à peu près l'essentiel. Il était onze heures du soir, lorsque chacune s'étendit sur son matelas, posé à terre pour plusieurs, pendant quelques nuits. Une soupe à l'oignon

9.

et un peu de fromage avaient servi de souper ; deux caisses renversées recouvertes
d'un volet, étaient décorées du nom usurpé
de table !... Dans chaque cellule, une chaise,
une malle qui s'appelait *une armoire*. Pour
s'asseoir au réfectoire, à la salle de communauté, au salon, chacune arrivait avec
sa chaise. Aux repas, on était sept autour
d'une table de *quatre* couverts. Où mettre
les plats? La Mère générale riait aux larmes en voyant l'embarras de la sœur cuisinière, qui du reste trouvait tout cela fort
amusant... Ce sont en effet les agréments
d'une fondation.

Le surlendemain de leur arrivée, la Mère
générale, accompagnée de la nouvelle supérieure et de son assistante, fit des visites
aux principales autorités; le bourgmestre
et deux échevins se firent déclarer absents;
non pas que ces Messieurs fussent hostiles,
mais ils appartenaient au parti libéral. Peu
de jours après, la R. Mère eut besoin de se

rendre à Mons pour quelques achats. A son retour, on lui désigna le bourgmestre présent à la gare. Elle le prit à sa descente du train, et ne le quitta qu'après avoir obtenu son assentiment à leur installation dans le pays, pour l'ouverture d'une maison d'éducation.

Jusque là, les fondatrices n'avaient ressenti qu'à demi le fardeau qui allait peser sur elles; mais l'heure du grand sacrifice approchait; il fallait se séparer de la chère Mère générale! Avant son départ, elle les réunit, chercha à leur faire comprendre la grandeur de la mission qui leur incombait, la nécessité de se montrer et d'être toujours de bonnes Religieuses pour attirer les bénédictions de Dieu sur cette entreprise et sur celles qui, dans la suite, viendraient, elles aussi, travailler à la vigne du Seigneur.

« Considérez-vous, leur dit-elle, comme
« au début de votre vie religieuse; ne né-
« gligez aucune occasion de vous avancer

« dans la pratique des vertus solides. Les
« grâces de Dieu ne descendront sur vous et
« ne vous aideront qu'autant que vous tra-
« vaillerez sérieusement à votre sanctifica-
« tion. »

L'heure était solennelle; chacune le sentait, recueillait avidement ces paroles appuyées de si hauts et si puissants exemples!

La petite communauté resta seule sous
l'œil de Dieu et la maternelle direction de
sa supérieure. En attendant que l'on pût
s'occuper d'une chapelle provisoire, les religieuses durent aller chaque matin à l'é-
glise; c'est dans ces petits trajets qu'elles
apprirent à connaître peu à peu les usages
du pays. Tous se montraient bienveillants,
respectueux même. Ces braves gens se
croyaient obligés d'ajouter quelque chose à
leur aimable salut. « Bonjour, ces Dames;
« ah! il fait bien mauvais, n'est-ce pas?.. »
Les enfants s'arrêtaient pour regarder les

religieuses françaises; à l'église, ils passaient et repassaient devant elles, allaient à la porte pour leur offrir de l'eau bénite.

Un jour même, dans la rue, un petit garçon fit une génuflexion devant elles. Le dimanche, elles se rendirent à la messe de six heures et demie, espérant être plus tranquilles, elles allaient, sans le savoir, à une double noce! Deux couples devaient recevoir la bénédiction nuptiale, l'un servant de témoin à l'autre; ainsi se faisaient rondement les choses...

Une autre fois, c'était la violence du vent qui retournait les parapluies; la boue noire des mauvais chemins qui s'attachait aux chaussures et empêchait d'avancer. On rentrait; le feu s'était éteint, le café se trouvait froid. « Tout ça, dit encore la cuisinière, c'est amusant. » On riait, sans être tout à fait de son avis...

Tous les fournisseurs abondaient, c'était à qui aurait la préférence. « Eh! ben, dit

« la bonne sœur au garçon boucher, j'es-
« père, ça va être une bonne pratique pour
« vous quand nous aurons *cents* enfants! »

Pour attirer sur l'œuvre les bénédictions
du Ciel, les fondatrices auraient voulu commencer par la classe gratuite, les pauvres
ayant toujours été à la Croix l'objet d'une
prédilection spéciale. Mais d'après le désir
de Monseigneur de Tournai, l'ouverture du
pensionnat se fit le 1er mai ; celle de l'externat moyen et de l'école pauvre fut remise à
plus tard, faute de local.

Le 3 mai, première fête patronale de la
Congrégation de la Croix, eut lieu la bénédiction d'une toute petite chapelle, improvisée dans une grande chambre arrangée
pour cette fin. Comme il était facile d'y prier
avec ferveur ! M. le Curé, ses deux vicaires, le prêtre qui devait y dire la messe chaque jour, rehaussaient de leur présence la
solennité de la cérémonie. La famille Bastin
s'y trouvait également ; le plus jeune fils

était enfant de chœur; la gentille fillette
de six ans, Marie, se glorifiait d'être la
première élève de la Croix. Grand fut le
bonheur des religieuses; elles avaient retrouvé leur Hôte divin et leur chère clôture!

Le 22 mai, grand événement à la Croix
de La Louvière! M. le Supérieur, l'excellent M. Guyart et M. le chanoine Brancourt,
le digne aumônier de la Maison mère, devaient suivre de près la Mère générale. Le
lendemain, il s'agissait de la bénédiction de
la première pierre du nouveau bâtiment,
les fondations étant achevées.

Vers neuf heures, arrivèrent M. le comte
Stiénon du Pré de la Roche, protecteur de
l'œuvre, avec son beau frère, M. le Chanoine de la Roche; M. Bastin et M. Bruyenne, l'architecte, les accompagnaient.

A dix heures, Messieurs Guyart, Brancourt et de la Roche se rendent procession-
nellement au chantier, en surplis, avec la

communauté. La grosse pierre est portée par quatre maçons.

M. le grand vicaire de la Roche à qui est réservé l'honneur de la bénédiction, récite les prières indiquées par le rituel, mais avec une aimable tenacité, il veut que le vénérable supérieur de la Croix dépose lui-même dans la pierre l'acte destiné à transmettre aux générations futures l'époque et les témoins de la cérémonie. Il veut de même que la première truellée de mortier soit mise par M. Guyart. Après ces Messieurs, la R. Mère Got mit la sienne; toutes les religieuses en firent autant, voire même les deux petites élèves. Puis arrivent M. de Billoez, curé de La Louvière, son vicaire M. Schittekatte et M. le directeur de l'Institut, empêchés jusqu'alors, mais venus encore à temps pour mettre, eux aussi, leur part de ciment.

Les siècles à venir trouveront sur parchemin l'acte suivant :

« L'an du Seigneur 1882, le 23 du mois de Mai,
« cette pierre première d'un Pensionnat et d'un
« Externat établis et dirigés par les Dames Reli-
« gieuses de la Croix de Saint-Quentin, Aisne
« (France), mise sous la protection du Sacré Cœur
« de Jésus et de sa Croix, de N. D. du Sacré Cœur,
« de saint Joseph et de saint Benoît, a été bénite
« solennellement par M. l'Abbé de la Roche, Cha-
« noine honoraire de Tournai, curé de Saint-La-
« zare, délégué de Monseigneur du Roussaux,
« Évêque de Tournai.

« Étaient présents :

« M. l'abbé Guyart, Supérieur de la Con-
« grégation des Religieuses de la Croix,
« Vicaire général de Soissons, Chevalier
« de la Légion d'honneur.

« Mme L. C. Got, Supérieure générale de
« ladite Congrégation de la Croix.

« Mme L. Lecat, Conseillère générale.

« Mme Duquesne, Supérieure de la Com-
« munauté de La Louvière et les Religieu-
« ses de ladite Communauté.

« M. le Comte Stiénon du Pré, protec-
« teur insigne de l'œuvre.

« M. Bruyenne, architecte.

« M. Decastieau, entrepreneur.

« M. l'abbé E. F. de Billoez, Curé de
« La Louvière.

« M. Bastin, président de la fabrique de
« La Louvière, promoteur de l'œuvre.

« M. l'abbé A. F. L. Brancourt, Chanoine
« honoraire de Soissons, Aumônier de la
« Maison mère de Saint-Quentin. »

Pour compléter la fête de ce jour, un
bel harmonium, dû à la générosité d'une
ancienne élève de la Croix de Saint-Quentin, venait d'arriver. M. Bastin fils eut la
délicatesse, à l'insu de tous, de procéder
tout de suite au déballage. Qu'on juge de la
surprise et de la joie générales lorsqu'on
entendit soudain retentir des sons harmo-
nieux. Enchanté, M. le comte Stiénon exé-
cuta immédiatement, un brillant morceau
qui fit apprécier encore plus la beauté du

nouvel instrument. Enfin, comme toute journée d'azur a son nuage, il fallut encore une fois se séparer des bien-aimés hôtes de France !

La petite communauté louviéroise se dévoua plus sérieusement que jamais et Dieu bénit ses généreux efforts pour procurer sa gloire et faire le plus de bien possible. Les fréquentes visites de la R. Mère les soutenaient, les encourageaient dans cette ascension continuelle.

CHAPITRE VIII

Au milieu des fatigues et des soucis que
donne nécessairement une fondation, la
R. Mère Got avait au cœur une plaie sai-
gnante! Depuis des mois, sa seconde Assistante, la vénérée Mère Pinon, souffrait d'un
squirrhe. Tous les soins lui avaient été
prodigués : plusieurs consultations de
savants docteurs, des changements d'air,
un régime tout à fait spécial, des prières
ferventes en tous pays, rien ne put faire
changer les desseins de Dieu. Le 16 septembre, la regrettée Mère s'éteignait entre

les bras de sa Supérieure dont elle était l'amie, la fille dévouée, depuis quarante-cinq ans! Ce fut une perte bien grande, non seulement pour toute la congrégation, mais encore pour les élèves, pour les personnes du monde à qui elle avait fait tant de bien! On trouvera quelques détails sur cette existence si féconde, dans la *Vie* de la R. Mère Henriette.

Nulle plus que la Mère générale, ne se ressentit du vide causé par la disparition de la digne conseillère. Elle s'était plu à l'appeler *son bras droit,* à la consulter en tout, à lui faire part de ses difficultés, de ses peines, à compter sur son entier dévouement. Ce fut un coup bien sensible pour son cœur et un secours qui lui faisait défaut au moment, où, avançant en âge et chargée d'un pesant fardeau depuis vingt-trois ans déjà, elle en avait besoin plus que jamais! Toujours soumise à la Volonté divine, elle sut imposer silence à ses regrets et si bien maîtriser extérieurement ses sentiments naturels, que plusieurs personnes purent dire : « Je croyais que cette perte lui serait « plus sensible, » Elles oubliaient qu'une vraie douleur est souvent muette et que ses ravages sont d'autant plus profonds, qu'ils sont plus cachés !

Un coup bien pénible aussi pour le cœur de la R. Mère lui fut porté par le départ, en 1883, de M. le chanoine Brancourt, le digne Aumônier de la Croix depuis 1874.

La communauté, les enfants et surtout la Mère générale, avaient toujours trouvé, dans cet ecclésiastique, aussi pieux que distingué, un guide sage, éclairé et prudent.

Entièrement dévoué aux intérêts de la Congrégation, il les prenait à cœur et l'on était sûr de trouver toujours auprès de lui un conseil, un appui bien nécessaires en certains moments.

Qui ne se souvient du vide que laissa

parmi nous sa nomination au doyenné de La Chapelle? Nulle ne le ressentit plus vivement que la R. Mère Got. Elle eut l'énergie de dissimuler sa peine pour donner du courage aux religieuses et aux enfants.

Les événements douloureux n'enlevaient pas à la R. Mère le souvenir d'anniversaires joyeux qu'elle voulait fêter pour rendre honneur et faire plaisir à ceux qui en étaient l'objet.

Le 1er juin 1883 était le jour des noces d'or du sacerdoce du vénérable Supérieur, M. le Vicaire général Guyart. La mère Got laissa la Maison de Soissons prendre l'initiative, puisque le digne Supérieur y remplissait, depuis la fondation, les fonctions d'Aumônier. Elle se contenta de lui envoyer l'hommage de ses félicitations et de ses vœux, se promettant bien de fêter le vénérable jubilaire, lors de sa venue à Saint-Quentin. Le 5 septembre suivant, M. Guyart y arrivait pour présider les assemblées du Chapitre.

A sept heures, la R. Mère le pria de la suivre au réfectoire des enfants ; par ses ordres et son concours, il avait été transformé en salle de réception. Sur un grand tapis, s'élevait un petit trône entouré d'une sorte d'arc de triomphe, sous lequel devait s'asseoir le roi de la fête. Sur cinq médaillons, se dessinaient divers emblèmes relatifs soit à la cinquantaine, soit à la prêtrise, soit à la croix d'honneur de M. Guyart.

Il nous est impossible de retracer ici les détails de l'exposé qui fut fait alors ; disons seulement que, prenant la Croix à l'époque même de la restauration, en 1837, on en rappelait toute l'histoire jusqu'à nos jours, en faisant constamment ressortir ce qu'avait toujours été pour elle le digne et vénéré Supérieur.

Le tout se termina par un chant en l'honneur de M. Guyart qui paraissait heureux, mais qui repoussait de toute son humilité les éloges qu'il trouvait exagérés. Lui seul fut de cet avis.

Six semaines après, la R. Mère eut la consolation de recevoir Son Excellence Monseigneur di Rende, nonce apostolique de Sa Sainteté en France. Après le saint Sacrifice, Monseigneur voulut bien adresser quelques bonnes paroles aux enfants.

Depuis deux ans, la R. Mère Got avait fait voyage sur voyage pour activer les travaux à La Louvière. Enfin les voici terminés : la R. Mère part avec son Assistante générale : Mgr du Roussaux va bénir le nouveau couvent et donner la Confirmation aux élèves. A leur retour, les vénérées Mères ne tarissent pas, en parlant de l'aménité, de la bonté toute paternelle de Mgr de Tournai.

On était au mois d'août 1884; contrairement à tous les usages de la Communauté, on chuchotait à l'insu de la Supérieure...

Qu'y avait-il donc? c'est que chacune se rappelait qu'on touchait au vingt-cinquième anniversaire de l'élection comme Supérieure générale de la R. Mère Got et nulle ne voulait le laisser passer inaperçu.

D'autre part, on savait que le vénérable M. Guyart devait venir en septembre et voulait être de la fête. Comment faire? Il fut résolu que l'on fêterait le 21 août et qu'on recommencerait un jour de réjouissance dans le mois de septembre. Vite la Secrétaire générale envoie une circulaire dans les Maisons de la Société. Chaque Supérieure locale est invitée à écrire à la R. Mère au nom de sa Communauté, pour le 21. On devra faire dire la Messe et offrir la sainte Communion pour elle ce jour-là. Puis, chaque Maison lui préparera une petite fête à sa prochaine visite.

Quant à la Maison mère, après une messe solennelle terminée par la communion générale et le Magnificat, elle entre en récréation. La veille au soir l'Assistante générale avait offert à la R. Mère la gratitude et les vœux de toutes. De douces larmes coulaient de tous les yeux, en voyant celles que la bien-aimée Mère ne pouvait retenir. On eût volontiers entonné l'*Ecce quam bonum.*

La date désirée arrivait lentement au gré de toutes. Enfin, on se trouvait au matin de ce bienheureux jour. Après M. l'Aumônier le bon Supérieur offrait le Saint Sacrifice pour la R. Mère. La Communauté y faisait la sainte communion. Le cœur plein d'une douce joie, on descendait au déjeuner. La Mère Assistante commence par déclarer que, pour le jour présent, elle est Supérieure locale; que c'est à elle que l'on devra s'adresser pour les permissions. L'hilarité est générale et redouble lorsque la R. Mère s'écrie : « *Quel bonheur! je vais aller me* « *coucher, cela me reposera!* » On ne l'eût pas laissé faire.

Il fut convenu qu'on garderait le silence jusqu'à midi... Cela favorisait les préparatifs pour le soir. On les fit sans que la R. Mère y vît rien ou du moins, elle le laissa croire. Dans la journée, elle se douta d'une surprise et dit en riant à une personne : « *Il se manigance* quelque chose pour ce soir... » En effet, à huit heures, M. Guyart, M. l'Aumônier et la Communauté tout entière étaient réunis. La place d'honneur fut laissée par le bon Supérieur à la Mère générale. Le fond de l'appartement représentait une salle ornée de guirlandes de fleurs et d'écussons. Sur l'un d'eux, on lisait : 21 *août* 1859 — 21 *août* 1884. Sur d'autres se trouvaient les dates de la naissance en ce monde, de l'entrée en religion de la Mère générale, les époques de sa Profession et de sa supériorité locale à Soissons.

Des félicitations furent adressées à la R. Mère. On la complimenta et on lui exprima l'espoir de célébrer aussi ses noces d'or.

10.

Comme le disait après l'excellent M. Guyart : « Quelle différence de ces fêtes de famille avec les fêtes de ce monde ! »

Quelques semaines plus tard, la Mère générale allait visiter les Maisons de la Société : dans chacune, il lui fut fait une véritable ovation, d'autant plus belle et plus douce que les cœurs à l'unisson en avaient fait tous les frais.

Le 13 novembre 1885, il y avait soixante ans juste que la vénérée Mère Aloysia avait prononcé ses premiers vœux. Une heureuse idée vint à la R. Mère : la doyenne d'âge de la Communauté, la vénérable Mère Dufrenne, n'avait jamais voulu qu'on célébrât sa cinquantaine. L'occasion ne pouvait être plus favorable pour la faire consentir à ce qu'on lui rendît quelque hommage : admiratrice et fille dévouée de la digne Assistante, elle ne trouvait pas qu'on pût en faire jamais assez pour elle. Comment alors pourrait-elle lui refuser quelque chose, surtout en ce bel anniversaire ?

Mère Aloysia fut donc chargée de lui dire que, d'accord avec leur excellente Supérieure, elle désirait que ses noces de diamants se célébrassent simultanément avec les noces d'or de sa chère octogénaire. Être près de Mère Aloysia, se voir couronnée en même temps qu'elle, fut une perspective si douce que la bonne Mère Dufrenne en oublia et ses répugnances passées et sa modestie présente...

Deux prie-Dieu et deux fauteuils furent préparés dans le haut du chœur. Les deux vénérées jubilaires avaient sur la tête, l'une la couronne de roses à feuilles d'or, l'autre, celle de roses à feuilles d'argent ; à leur droite la R. Mère Got, à leur gauche, la plus ancienne des Professes.

Avant la communion, le R. Père Lacouture qui venait de donner la retraite annuelle aux enfants, prononça une chaleureuse allocution dont nous extrayons quelques passages : « Oh ! 50, 60 ans de vie religieuse ! mes Sœurs, je ne le dis pas pour faire votre éloge, ce n'est pas mon intention ; mais quel trésor de mérites vous avez amassé pendant cette longue carrière ! 50 ans de sacrifices, d'immolation ! 60 ans d'un martyre de chaque jour, martyre à coups d'épingles, qui a bien sa valeur !

. . . .

« Quelle confiance lorsqu'au dernier jour, Dieu vous dira comme à toute créature : *Rendez compte à Dieu de votre administration!* Seigneur, répondrez-vous, je suis restée 50 ans, 60 ans, tant que vous avez voulu, à votre service. Avec votre grâce, je me suis sacrifiée, immolée tous les jours ; maintenant, j'espère célébrer le jubilé éternel. »

Puis les deux vénérables Professes renouvelèrent leurs vœux, reçurent la sainte Hostie qui les avait soutenues jusque-là et devait les aider à rendre à Dieu de dignes actions de grâces. Toute la Communauté alla leur donner le baiser de paix.

Après ce beau jour de fête, la Mère générale en connut d'autres bien sombres, bien douloureux! Les vides causés par la mort se répétaient souvent dans sa nombreuse famille... Heureusement Dieu lui ménageait de temps à autre quelques pures jouissances.

Le 3 mai 1886, Mgr Gonindard, évêque de Verdun, avait présidé une double cérémonie : quatre professions et six vêtures religieuses.

Le soir, Sa Grandeur vint à la Communauté qu'il tint longtemps sous le charme de sa parole, surtout lorsqu'il fit le récit de son audience chez le Saint-Père. « Léon XIII, dit-il, a quelque chose d'imposant, de majestueux et de paternel tout à la fois, qui vous saisit d'une vive émotion. Dès qu'il m'aperçut : « Oh ! voilà donc cet Evêque de

« Verdun, dit-il. » Et comme je m'étais prosterné pour baiser sa mule, il me releva, me fit asseoir. J'étais profondément ému, aussi heureux que si j'allais voir le Saint Sacrement... je ne pouvais parler. Le pape le comprit. — « *Vous avez raison*, me dit-il, *d'être heureux de voir le Pape! C'est le seul homme sur la terre à qui J.-C. ait dit : Je vous donne les clefs du royaume des Cieux; tout ce que vous délierez ou lierez sur la terre, sera délié ou lié dans les Cieux.* »

Je lui remis alors l'offrande du denier de Saint-Pierre, au nom de mon diocèse; il la reçut avec une majesté royale. « *C'est l'aumône que vous me faites*, me dit-il encore; *je n'en suis pas humilié... Dans une famille, quand le Père est âgé, ne peut plus travailler, ses enfants lui viennent en aide. J'accepte votre offrande, et je bénis tous vos diocésains.* » — « Très Saint-Père, lui dis-je, bien des actes d'amour sont représentés par cette somme. Deux octogénaires ont fait à pied trois lieues pour m'apporter trois cents francs qui étaient toutes leurs économies ! « Le Pape en parut vivement touché... Pendant cinq quarts d'heure, je pus causer cœur à cœur avec lui; j'avais préparé une longue liste. En la voyant, il me dit : *Ne passez rien, dites tout...* je lui demandais des indulgences : 200 jours. — *Non*, dit-il, 50. — J'ai le droit d'en donner 40 ; ce n'était pas beaucoup plus. Je m'enhardis : 300 jours pour l'œuvre des Tabernacles... — *Comme vous y allez,* me dit le Pape !... — Très Saint-Père, répondis-je, ordinairement le salaire des ouvriers est proportionné à leur habileté, à leur dévouement... Néanmoins je n'obtins que 100 jours. J'arrivai à demander une bénédiction pour la Communauté de.la Croix. — Y a-t-il un *Noviciat*, dit le Pape? — Oui, très Saint-Père, mais pas dans mon diocèse. — Eh bien ! je la bénis cette Congrégation, dit Léon XIII, en posant sa main sur l'endroit où était écrit votre nom. Je lui dis encore d'autres choses. Oh! que j'étais heureux de causer ainsi avec le Pape! aussi heureux qu'au jour de ma première Communion; il me semblait voir et entendre N. S... »

Monseigneur vint à nous parler ensuite de l'Angleterre; il nous dit qu'il avait directement demandé au cardinal Manning : « Lorsque vous étiez à Westminster, étiez-vous dans la bonne foi? » — *Oui, entièrement, et j'attribue ma conversion à une illumination intérieure et tout à fait personnelle de la grâce.* » Monseigneur nous raconta qu'un jour, il se trouva à dîner avec un pasteur protestant à qui il parla de la T. S. Vierge. Ce Monsieur lui dit : « *Vous avez raison :* le culte protestant est froid, *parce qu'il lui manque une mère...* » et il pleura! Les moments s'écoulaient rapides et agréables; nous étions sous le charme; mais il fallut se quitter après une nouvelle bénédiction.

Depuis plusieurs années déjà, le nombre des sujets s'augmentait ; bien des affaires épineuses absorbaient les moments de la vénérable Supérieure ; ses forces déclinaient sensiblement ; elle allait entrer dans sa soixante-neuvième année ! Son énergie seule la soutenait ; son dévouement restait au-dessus de toutes les difficultés. Néanmoins dans l'intérêt même de la Congrégation, elle prit, dans son for intérieur, une détermination dont elle ne fit part d'abord qu'à ses supérieurs ecclésiastiques. Puis, le chapitre de 1886 étant ouvert sous la présidence de Mgr Thibaudier, les capitulantes virent tout à coup la Mère générale se jeter aux genoux de Sa Grandeur.

« Monseigneur, dit-elle, je demande en grâce à Votre Grandeur de me décharger de la maison de Saint-Quentin. Je ne puis plus suffire à la besogne. La Congrégation tout entière en souffre. Je devrais m'occuper des Postulantes, je n'ai pas le temps de les voir. Les visites dans les maisons particulières ne se font pas comme elles devraient se faire, et, lorsque je reviens, tout est accumulé ici d'une manière effrayante! Ce n'est pas que je refuse le travail ; j'ai toujours fait ce que j'ai pu ; mais cela me devient impossible! Je crois le moment venu de mettre à exécution une mesure dont on avait déjà parlé : donner une supérieure locale à la maison de Saint-Quentin ; c'est dans l'intérêt de la Congrégation que je le demande. »

Tout le monde était visiblement ému ; Monseigneur fit quelques représentations à la R. Mère ; mais, sur de nouvelles instances de celle-ci, Sa Grandeur décida que le Chapitre serait appelé à se prononcer pour l'adhésion au désir de la Mère générale ou pour le refus. Après s'être retirées pour prier en silence et consulter Dieu seul, les capitulantes se réunirent de nouveau l'après-midi et leurs votes décidèrent qu'il y avait lieu d'élire une supérieure locale.

Lorsque le vénéré Supérieur, M. Guyart, fit connaître cette décision à la Communauté, bien des larmes coulèrent! Il y avait vingt-sept ans que chacune n'avait eu d'autre Mère, d'autre confidente, d'autre soutien que la chère Mère générale! Une seule chose adoucit un peu le sacrifice : la pensée de soulager la bien aimée Mère!

On put admirer pendant les quelques années qui suivirent, le tact, la prudence et l'abnégation qui la caractérisèrent toujours. Son plus grand soin fut de concourir à faire respecter l'autorité et les droits de la supérieure locale, comme toutes les attributions de chacune dans la Maison de Saint-Quentin. Si l'on tentait de s'adresser à elle : « Cela ne me regarde plus, répondait-elle invariablement; allez trouver votre supérieure. » Paroles qui devaient coûter beaucoup à son cœur maternel en voyant la peine qu'elle imposait à celui de ses Filles ! Mais le devoir, l'esprit de foi surnageaient toujours en son âme héroïque et elle tenait à tremper les autres dans cette source de mérites et de paix.

Au moment du grand pèlerinage d'octobre, elle vit avec plaisir revenir à la Croix Mgr Gonindard. Le digne Prélat se montra comme toujours, affable et paternel. Il dit aux enfants qu'il lisait dans leurs yeux les bonnes dispositions dans lesquelles elles étaient rentrées et comme la R. Mère lui disait tout bas qu'elles étaient réelles, il ajouta : « Voyez-vous, votre Mère générale qui ne prodigue pas les compliments, me dit deux fois que c'est vrai. Je puis l'en croire, car elle possède éminemment l'amour de la vérité... Que c'est beau, mes enfants, et elle me le dit de ce ton ferme que vous lui connaissez, et qui ajoute tant de prix à son assurance. Je souhaite, mes enfants, que vous restiez toujours des jeunes filles bien élevées ; que cette Maison de la Croix soit toujours une maison de premier ordre où vous vous ferez gloire d'avoir reçu votre éducation. »

Le lendemain, c'était la visite de Son Éminence le cardinal Langénieux que recevait la Mère générale. Lui aussi dit d'excellentes paroles aux Mères et aux enfants. S'adressant directement à la vénérable Supérieure : « Souvenez-vous, ma Révérende Mère, que je suis cardinal... Quand j'étais archevêque, je donnais simplement un *beau* congé ; aujourd'hui c'en est un *grand* que je demande... Priez, mes vénérées Mères, priez mes enfants, pour le pauvre cardinal. Léon XIII m'a bien dit qu'il me revêtait de la pourpre pour que j'aime et défende la sainte Église au prix du sang de mon cœur. Oui, et du sang des veines aussi, s'il le faut... Oh ! priez, priez ; je vous bénis encore. »

Tous ces témoignages de haute estime, de parfaite bonté de la part des princes de l'Église, étaient pour le cœur de la R. Mère, une douce et vraie jouissance. Mais, ici-bas, ils sont rares les moments du Thabor et l'on se retrouve bientôt au sommet du Calvaire!

On était au mois de mars 1887; le 14, une terrifiante nouvelle arrivait; le bon, l'excellent et vénéré Supérieur, M. Guyart, venait d'être enlevé, par une congestion pulmonaire, après quatre jours de maladie! Des regrets unanimes éclatèrent dans le diocèse et Mgr Thibaudier écrivit une admirable circulaire sur le vénérable défunt.

La Congrégation tout entière et, au plus intime de son être, sa très digne Supérieure, ressentirent profondément la perte immense qu'elle faisait! Il y avait cinquante ans qu'elles se trouvaient sous cette direction aussi sage que paternelle et dévouée! La Société de la Croix garde dans son cœur le souvenir de tant de vertus, joint à une inépuisable reconnaissance.

Deux ans auparavant, la pauvre R. Mère avait éprouvé une autre perte bien sensible, celle de son frère, M. le colonel Got, qu'elle aimait tant et qui le lui rendait si bien! Ces peines de cœur, elle les supportait vaillamment, mais sa souffrance concentrée n'en était que plus grande et minait sa santé déjà si fortement ébranlée depuis longtemps.

Rien toutefois ne l'empêchait d'être complètement aux choses de la Communauté. Il y avait, le 4 juillet 1887, cinquante ans que les Mères du Dauphiné étaient venues relever l'arbre de la Croix, abattu par la Révolution; la Mère générale voulut que l'on fêtât solennellement cet heureux anniversaire. Dès ce moment, des invitations furent lancées sur tous les points où se trouvaient nos anciennes élèves, leur annonçant, non seulement la retraite annuelle, mais une fête de famille, à l'occasion du cinquantenaire de la Restauration de la Croix. Grand nombre répondirent à l'appel.

Un triduum solennel avait été annoncé comme préparation à la fête qui devait se célébrer le 8 août. Matin et soir, à la messe comme au salut, les plus beaux morceaux avaient été exécutés et chantés avec un goût parfait. Enfin se leva la journée si impatiemment attendue! le 8 août! Pourquoi le 8, dira-t-on? En effet, rien ne motivait cette date. Mais n'ayant pu fêter le 4 juillet, vrai jour de la restauration, on avait résolu de tout remettre à la clôture de la retraite des anciennes élèves. Donc, à sept heures, première messe où eut lieu la Communion générale. A neuf heures, messe solennelle chantée par le bon M. Genty, premier vicaire de la basilique, Mgr Mathieu, archiprêtre de Saint-Quentin, se trouvant retenu à Châlons. Au dîner, un grand nombre de couverts étaient dressés pour les anciennes élèves qui avaient pu accepter. Combien d'autres auraient voulu prendre part à ce charmant festin de famille!

Vers la fin du repas, nos deux vénérables Mères Dufrenne et Aloysia, les seules survivantes de la restauration, étaient à peine entrées que des vivats, des applaudissements répétés éclataient de toutes parts. La plus ancienne des invitées se leva et, au nom de toutes, porta un toast aux deux vénérables Mères, leur offrant félicitations et souhaits de longue vie, de bonheur. Nos deux Religieuses y répondirent de la manière la plus affectueuse. Cette scène charmante, improvisée par le cœur, fit verser de bien douces larmes à ses heureux témoins.

A trois heures et demie, on se réunit de nouveau à la chapelle ; le R. Père, prédicateur de la retraite, y prononça un discours sur la Croix, avec des allusions au cinquantième anniversaire de la restauration ; puis un salut magnifique, un Te Deum solennel vinrent clôturer les fêtes religieuses.

Mais la journée n'était pas finie... on avait annoncé une fête de famille : se terminerait-elle ainsi tout à coup ? Non assurément ; il y avait, disait-on, une surprise préparée pour le soir ; en quoi consisteraitelle? La curiosité féminine, bien légitime du reste, était vivement excitée. « C'est une pièce, disaient quelques-unes, le théâtre est monté! » C'était presque beau que ce demi-mystère au dernier moment, lorsqu'on pense que les dix-huit actrices étaient prises en ville, parmi nos anciennes Élèves... Enfin, à cinq heures et demie, une nombreuse assistance remplissait la vaste salle aux trois pièces.

La salle offrait un coup d'œil enchanteur; de tous côtés, ce n'était que verdure. Sur la devanture rouge du théâtre, au milieu, figurait une croix dorée; des dessins capricieux entouraient deux écussons blancs placés de chaque côté de la Croix, et sur lesquels on lisait d'une part : *Fondation, 4 août 1625;* de l'autre : *Restauration, 4 juillet 1837.* A droite et à gauche, on voyait deux autres écussons roses, avec les inscriptions suivantes : *Fondation de Saint-Quentin, 4 août 1672;* et de l'autre côté :

Soissons 1849 ; Bar-le-Duc 1860 ; Bourne-mouth 1870 ; La Louvière 1882. Le mur de gauche présentait, de chaque côté du crucifix et de N. D. de Lourdes, les portraits peints de Nosseigneurs de Simony et de Garsignies ; vis-à-vis, celui de notre regretté et vénéré Supérieur, M. Guyart. Une charmante assistance de dames et de jeunes filles, formait le plus gracieux ensemble.

Tout à coup, après un brillant morceau d'ouverture, le rideau se lève : les spectatrices sont étonnées de reconnaître, dans les cinq anciennes Filles de la Croix qui s'offrent à leurs regards, avec leur costume d'alors, plusieurs de leurs compagnes. C'est le premier acte, dans lequel ces cinq bonnes anciennes se lamentent de voir leur couvent désert depuis la Révolution de 1789, et cherchent les moyens de relever leur Congrégation. Elles racontent ensuite leurs espérances : Mgr de Simony a obtenu de son vénérable collègue dans l'épiscopat, Mgr de Grenoble, cinq Religieuses de la Nativité de Valence, en Dauphiné. Ces Dames sont sur le point de partir pour Saint-Quentin. Soudain, une lettre de M. de Bully annonce qu'elles vont arriver. En effet les voilà; l'entrevue a lieu sur la scène et l'on est charmé de voir l'accueil si cordial que leur font les Filles de la Croix.

Dans le second acte, on assiste à la première fête de la vénérée Mère Henriette, Supérieure de la nouvelle Communauté. On profite de ce jour de grande récréation pour se raconter d'une part le voyage des Religieuses du Dauphiné; de l'autre, tous les événements qui se sont succédé depuis 1625 jusqu'au jour présent. Ces récits sont pleins d'intérêt : on respire le parfum de la charité si vraie qui unit les nouvelles venues aux anciennes. On décide que l'on va se rendre à la Chapelle pour offrir à Dieu des actions de grâces du secours qu'Il a envoyé et pour lui consacrer la Communauté renaissante.

Le rideau tombe, se relève peu après. O surprise! quel agréable coup d'œil! Au fond du théâtre, un autel a été dressé; il est orné de fleurs, étincelant de lumières, et à ses pieds, toutes les Religieuses prosternées attendent la fin d'un chœur magnifique dont les paroles, toutes d'à propos, sont accompagnées par le piano et l'harmonium. C'est ravissant! Des applaudissements se font entendre de toutes parts... Mais on se tait : la vénérable Mère Henriette prononce une consécration solennelle; toutes les Religieuses se lèvent et disparaissent en chantant l'*Ecce quam bonum*. Les applaudissements recommencent.

Le troisième acte nous transporte à vingt-deux ans plus tard; la vénérée Mère Henriette a rendu le dernier soupir depuis quinze jours; on est en 1859. Tous les actes, toutes les vertus de sa supériorité sont rappelés et augmentent les regrets. Il faut procéder à l'élection d'une nouvelle Supérieure!

Tout naturellement on s'attendait à bien des détails dans le 4e acte ; depuis 1859 jusqu'à nos jours. L'attente a été trompée!... Un ordre exprès de la R. Mère Got, qui avait formellement interdit la moindre allusion à sa personne, n'a permis qu'une rapide esquisse des principaux événements et a laissé de véritables regrets à tous. Cependant on s'est séparé enchanté de la fête et, au sortir de la salle, on n'entendait qu'une exclamation : « Quelle délicieuse soirée ! »

Les actrices avaient charmé tout le monde par le naturel et la simplicité avec lesquels elles s'étaient acquittées de leurs rôles.

La R. Mère n'était pas délivrée des soucis du généralat. Depuis sa fondation, la Maison d'Angleterre était loin de prendre l'extension désirable ; la maison n'était pas favorable à la prospérité du Pensionnat ; éloignéc du centre de la ville, gênée par mille servitudes qui ne permettaient ni de ceindre de murs l'habitation, ni d'élever une chapelle et d'y avoir une cloche, le quartier étant tout à fait protestant, il valait mille fois mieux vendre cette Maison et en acheter une autre.

La Mère générale partit. On fit des recherches dans les environs de Bournemouth-West; ce fut en vain. Le jour même de son départ, l'oncle d'une élève vint dire que probablement à Boscombe, ville distante de trois à quatre milles, on trouverait quelque chose. M. B*** accompagna même la R. Mère pour qu'avant son départ, elle y pût voir un terrain. La position était bonne pour une église, mais non pour un Pensionnat. En quittant l'Angleterre, les derniers mots de la Mère générale à ses filles furent : « *Priez et cherchez.* »

Les chères Mères se mirent en devoir d'obéir promptement. On leur indiqua, parmi les terrains à vendre, un immense bois de sapins, de chênes et de châtaigniers. Elles allèrent le visiter et le semèrent de croix et de médailles pour que Dieu le bénît, s'il devait leur appartenir.

Quelque temps après, la R. Mère était de retour. Dès le lendemain de son arrivée, après avoir vu la personne qui déjà s'était occupée des terrains, il fut convenu qu'on irait voir celui qu'on avait convoité. Un rendez-vous fut fixé entre quatre Religieuses et M. B*** Chacun partit de son côté. Le commencement de la course fut trouvé charmant, on longeait le bord de la mer, c'était très agréable ; mais bientôt on s'aperçut qu'on avait beau avancer, on ne trouvait pas le sentier indiqué par M. B***. Après bien des obstacles, l'une des Mères anglaises, arriva au but, y rencontra M. B***. qui se hâta d'envoyer sa voiture aux pauvres égarées, sur la jetée de Southbourne. Le cocher les ramena exténuées ! Elles avaient marché quatre heures sur les sables, près de la mer! Qu'on se rappelle que la vénérable Mère Got avait alors près de soixante-dix ans!... Elle en comptait plus de cinquante quand elle avait dû commencer les traversées si pénibles pour elle! Trente-sept fois en vingt ans, elle les renouvela, sans jamais reculer devant ce qui devait lui en revenir de souffrances d'autant plus grandes, qu'elle avait rarement ce qu'on est convenu d'appeler *le mal de mer*, mais son malaise se prolongeait longtemps après.

L'emplacement proposé paraissait favorable à un établissement religieux, les catholiques du quartier demandant une église, la R. Mère générale et la Supérieure de Bournemouth se rendirent à Portsmouth, pour en conférer avec Mgr Virtue, qui se montra paternellement bon et très heureux de voir des Religieuses s'établir à Boscombe. Quant à l'église, Sa Grandeur leur dit qu'Elle en avait une en fer à Cowes, dans l'île de

Wight, qu'elles n'avaient qu'à la voir et à
la faire transporter à Boscombe, si elle leur
convenait. Qu'on juge de la joie des Mères.
Cette église pouvait contenir deux cents
personnes; un chœur, placé sur le côté, devait permettre aux religieuses d'assister à
tous les offices de la paroisse, sans être vues
des fidèles. Un R. Père Jésuite remplissait
à la fois les fonctions de curé et d'aumônier.
Ces dispositions rassurèrent le cœur de la
R. Mère générale et encouragèrent ses Filles
dans leur nouvelle mission.

Elles s'occupèrent, aussitôt le contrat de
vente signé, de louer provisoirement une
maison d'où elles pourraient surveiller les
travaux. Des plans furent dressés par un
architecte de Londres et soumis à l'approbation de Mgr Virtue. La R. Mère les reçut et
les approuva également. Quelques amis de
la maison vinrent en aide aux religieuses,
par leurs bons conseils; bientôt on vit s'élever la première partie du couvent. On procé-

dait à une installation aussi confortable que possible pour les Élèves ; la Communauté devait connaître longtemps la gêne. Les Dames de la ville, voire même les protestantes, eurent la délicatesse, l'une de prêter sa voiture toute une journée pour le transport des religieuses et des choses précieuses ou fragiles de la chapelle ; les autres, de penser au repas de la Christmass. Des fleurs à profusion avaient été envoyées aussi par les généreuses donatrices, pour orner la chapelle provisoire. L'église devait être ouverte aux fidèles le 1ᵉʳ janvier 1888.

Revenons en France. On est aux jours du grand pèlerinage d'octobre, en 1887. Mᵍʳ Thibaudier s'est fait un plaisir d'amener à la Croix Mᵍʳ Géraïgiry, évêque de Panéas, l'ancienne Césarée de Philippe, l'évêque de cette ville où N. S. a dit à Pierre : « *Tu es Pierre et sur cette pierre, je bâtirai mon Église.* » Mᵍʳ de Soissons a fait dire en arabe quelques mots à ce bon évêque, promettant un congé aux enfants, si *elles répétaient bien...* Inutile de dire que leur application à reproduire les mots étrangers a été grande, qu'elles ont cependant médiocrement réussi et que, malgré tout, le congé a été accordé. Puis, il fut convenu que l'évêque d'Orient viendrait parler aux enfants un jour à quatre heures.

En effet, il leur raconta en français avec une facilité remarquable, comment il avait été chargé, par son Patriarche, de créer un évêché, une chrétienté tout entière, dans ce diocèse de Panéas qui n'existait pas auparavant; qu'il avait commencé par élever des écoles de garçons et de filles; qu'aujourd'hui il avait la consolation d'en compter soixante-quatre; qu'il allait maintenant s'occuper de faire bâtir une cathédrale, un palais épiscopal, des séminaires, etc., que c'est pour cela qu'il vient demander un secours à la France qu'on aime et qu'on respecte en Orient. Ce récit intéressa vivement, et tout le monde fut content lorsqu'à la prière de la bonne Mère Supérieure, Mgr de Panéas promit de venir le lendemain célébrer le saint sacrifice selon le rite oriental.

Le lendemain, avant de commencer la sainte messe, Monseigneur donna l'explication des diverses cérémonies du rite grec. Les vêtements sacerdotaux, beaucoup plus amples, rappellent ceux des grands-prêtres de l'ancienne loi. La tête du célébrant est recouverte d'une sorte de béret, auquel est attaché un voile noir qui retombe par derrière ; en certains moments, le Pontife se découvre, puis remet sa coiffure. Il y a des processions dans le sanctuaire, par lui et ses assistants ; de nombreux signes de croix, de bénédictions sur les fidèles. Le saint Évangile est lu la face tournée vers le peuple ; le symbole de saint Athanase, récité tout haut par le répondant ; puis les mains se lèvent vers le Ciel et retombent pour bénir encore. Enfin la bénédiction dernière est donnée à l'Orient et à l'Occident, avec une grande croix dorée.

La dignité du Prélat, sa haute stature, son air grave, simple et majestueux à la fois, rehaussaient d'un charme particulier ces belles cérémonies. Sur la demande de M. l'aumônier et de la R. Mère, Mgr Géraïgiry a daigné venir, le jour de la Toussaint, assister à notre grand'messe, bien qu'il dût célébrer ensuite la sienne à Saint-Éloi. Il est arrivé alors dans la chapelle, revêtu d'autres habits pontificaux, une sorte de tiare sur la tête; à la main, une crosse terminée en forme de croix; à sa droite, un assistant portant un chandelier à trois luminaires; à gauche, un autre à deux, pour figurer les trois personnes de la sainte Trinité et les deux natures de N. S. niées par Eutychès. Au moment de la bénédiction, l'évêque quitta son trône, la chanta en latin, selon la prononciation adoptée en Italie et ailleurs, puis bénit avec sa croix, en entrecroisant tous les signes.

On garde de ce bon Évêque, aujourd'hui Patriarche de tout l'Orient, le souvenir de la dignité et de l'amabilité les plus parfaites, jointes à la sainteté et à la science.

Le 10 décembre, la chère Mère générale jouissait de l'air étonné, de la curiosité aussi inquiète que légitime, de toutes ses Filles... Quatorze énormes caisses viennent d'être déposées à l'entrée de la Maison! On devine... c'est un chemin de Croix! Oui, un magnifique cadeau dont les anciennes élèves de différentes époques, veulent faire hommage en souvenir de la cinquantaine de restauration et comme témoignage d'affection et de reconnaissance. Outre sa valeur numéraire, ce chemin de croix, en terre cuite avec encadrement gothique, est véritablement un petit chef-d'œuvre d'art. Les sujets de chaque station sont en relief et toutes les physionomies ont une expression admirable de vérité, de naturel et de belle composition. Il fut érigé par Mgr le chanoine Cardon, notre vénéré Supérieur.

Ce qui nous fait apprécier davantage encore ce beau chemin de croix, c'est le souvenir toujours vivant du pieux et utile commentaire fait à chacune des stations par M. le Supérieur.

La bonne R. Mère générale fut doublement heureuse de ce cadeau; pourquoi? parce qu'elle pensa au bonheur qu'auraient ses Filles de Belgique, en recevant le modeste chemin de Croix qui nous avait servi jusqu'alors. Voilà comme un bienfait souvent en engendre d'autres et peut réjouir grandement la personne qui en est l'objet.

Retournons en Angleterre. Depuis que nous avons laissé la petite colonie de la Croix à Boscombe, beaucoup d'arbres ont été abattus dans le grand bois; tout un village voisin, très pauvre, a envoyé ses enfants recueillir ce qui était resté sur le sol; les uns arrivent avec une petite voiture, tout heureux de la remmener pleine; les plus petits

ramassent des brindilles ; il n'est pas jusqu'aux bébés qui n'en remplissent leurs mou-
choirs... La charité porte toujours bonheur.

Les fondations, commencées le 30 juillet
1888, sont achevées ; la bénédiction de la
pierre fondamentale du couvent doit avoir
lieu le 6 septembre. Tout se prépare pour une
belle fête ; les dames viennent offrir leur gracieux concours et s'occupent de procurer
une robe blanche à chacune des petites filles
de l'école pauvre. Tout le monde, encouragé
par l'exemple, les conseils et le bon goût de
la R. Mère générale, se met à l'ouvrage
pour préparer bannières et oriflammes.

Une grande bannière blanche avec croix
rouge et l'inscription *O Crux, ave*, doit être
posée au-dessus des fondations. Une dame
protestante envoie près de quarante pots de
fleurs et quantité de fleurs coupées dans son
beau jardin pour orner l'autel ; d'autres dames l'imitent. Le temps est incertain : on
prie ; vers midi, le ciel s'éclaircit à la satisfac-

tion de tous. On a élevé un grand échafaudage auquel sont suspendus de nombreux drapeaux, parmi lesquels on remarque celui du Saint-Père. Beaucoup de petites bannières en papier de toutes les couleurs, indiquent le chemin que doit suivre la procession. Arrive encore un panier rempli de bouquets magnifiques; on les dispose sur le mur voisin de la pierre qui doit être bénite.

A quatre heures, le défilé commence : trente-deux petites filles vêtues de blanc, voilées et portant des oriflammes, ouvrent la marche; suivent la Communauté, le clergé, les personnes du monde. Tous chantent, grands et petits. Le R. Père Supérieur de la résidence de Bournemouth, bénit toutes les fondations. La pierre fondamentale est posée solennellement par Mme Mac-Carthy, mère de la première élève de Boscombe. Toute la procession est bordée d'une haie de personnes dont le nombre est évalué à quinze cents. Le long du mur nais-

sant sont échelonnées des voitures remplies
de curieux.

Les cœurs catholiques étaient bien émus ;
en un coin de ce sol infesté d'hérésies, Dieu
allait être aimé, glorifié ; les nobles ardeurs
de l'apostolat envahissaient plus que jamais
les âmes des religieuses de la Croix. Les
paroles du R. Père à l'assistance vinrent accroître l'émotion générale. La procession se
remit en marche et l'on entra dans l'église
resplendissante de fleurs et de lumières. Un
salut magnifique y fut chanté ; après la bénédiction, tout le monde se retira pour laisser
entrer une autre foule stationnant forcément au dehors, faute de place à l'intérieur.

Peu de temps après cette belle cérémonie,
les Religieuses de la Croix ouvrirent une
école pour les pauvres ; le pays en avait si
grand besoin ! Combien d'enfants étaient
privés d'instruction faute d'école catholique !
les parents aimaient mieux les laisser grandir

dans l'ignorance que de les exposer à de fausses doctrines.

Dès les premiers jours, l'école comptait quarante enfants. La mère d'une élève vint visiter la R. Mère Got pendant son séjour à Boscombe, lui confirma ce qu'on avait entendu dire, qu'elle venait d'acheter un terrain contigu au couvent, pour épargner aux religieuses un voisinage peu agréable. Cette généreuse dame avoua que sa première pensée avait été de faire bâtir là une petite habitation pour elle, mais qu'ayant réfléchi, elle venait offrir ce terrain à la Communauté, la laissant libre d'en faire ce qu'elle voudrait. Grande fut la joie de la donatrice, lorsque la R. Mère proposa d'y construire l'école pauvre. A ses propres frais, Madame J... fit élever le mur d'enceinte. Le divin Maître devait récompenser tant de générosité. Madame J..., alors protestante, embrassa le catholicisme à Lourdes le 8 septembre, y fit sa première communion et y fut confirmée. Grâce à elle et au dévouement des religieuses, cette école devint une riche pépinière de bons catholiques pour la mission de Boscombe. La première pierre en avait été posée le 16 août 1889.

Au mois de janvier de cette même année, la R. Mère avait vu arriver à la Croix trois de ses petites-nièces, enfants de sa nièce Lesbie, la fille de son frère Charles! Cette jouissance était bien mélangée d'amertume! Il n'y avait guère plus d'un mois que le commandant Jacquinot avait été enlevé dans la force de l'âge, par une phtisie galopante, suite d'un excès de fatigue, de dévouement au devoir. Il était donc digne d'être de la famille et les regrets unanimes qui le suivirent à Brest sur sa tombe, témoignent de l'estime et de l'affection qu'il avait su conquérir. Sa mort laissait sa jeune veuve avec cinq enfants, une mère et une cousine infirme à soigner! et cependant Mme Jacquinot hésitait à confier à sa vénérable tante si chérie, ses trois filles dont l'aînée a treize ans, la seconde sept et la dernière cinq! Le sacrifice de la séparation, à une si grande distance, est adouci par la sécurité qu'éprouve le cœur de la jeune mère, en sachant ses enfants sous l'aile de la Mère générale. Ne sait-elle pas, par une heureuse expérience, combien elle est bonne?

Elle se souvient encore que lorsqu'elle-même venait à la Croix visiter sa chère tante dès l'âge de cinq ans, elle trouvait toujours auprès d'elle maintes caresses, mille surprises plus agréables l'une que l'autre. A-t-elle pu oublier ce jour où elle se vit tout à coup en face d'une ravissante chambre de poupée, faite tout entière par cette tante qui avait des mains de fée; pour rien au monde, elle n'eût voulu faire de frais, par égard pour la sainte Pauvreté qu'elle respecta toute sa vie.

La jolie petite fille, à la belle chevelure blonde bouclée, était tellement en extase qu'un seul mot sortit de sa bouche : « Oh! que c'est beau ! »

Plus grande, chaque fois qu'elle revint, elle trouva, auprès de sa tante bien-aimée, une affection toujours grandissante, de précieux conseils, un appui sûr et inébranlable. Il n'est donc pas surprenant qu'elle lui ait abandonné ses filles avec la plus grande confiance. Seulement disons tout de suite, pour n'y plus revenir, que l'aînée de ces enfants étant tombée malade, Mme Jacquinot vint les chercher toutes. Marie-Thérèse allait beaucoup mieux ; le docteur de Saint-Quentin avait, par-dessus tout, recommandé qu'on ne lui fît pas prendre de bains de mer. A peine fut-elle à Brest que les médecins consultés déclarèrent qu'ils ne voyaient pas d'inconvénients à ce qu'elle en prît. Peu après, la jeune adolescente mourut. Ce fut un coup terrible pour sa pauvre tante ! Elle porta ce chagrin jusqu'à ses derniers jours.

Sa seule consolation fut d'apprendre, un

peu plus tard, que l'un de ses petits-neveux venait d'entrer au noviciat des R. P. Jésuites. C'est ce même jeune homme, aujourd'hui le Père Jacquinot en résidence à Canterbury, que l'on devait voir quelques années après, sur la tombe de la R. Mère Got, la priant plus encore qu'il ne priait pour elle. Son air modeste et recueilli, sa ferveur angélique, sa reconnaissance pour la Croix, ont été un baume à notre douleur et nous ont laissé comme une émanation des vertus de la regrettée défunte.

L'année a été féconde en épreuves pour le cœur de la chère Mère générale; maladies, opérations, départ de Mgr Thibaudier pour l'archevêché de Cambrai; mort du vénérable M. Genty, de quelques religieuses; tout pèse, alourdit la Croix et voici que l'année 1890 commence par une pleuro-pneumonie de la bonne Mère Grare! Deux fois les Docteurs l'ont déclarée perdue; heureusement il est au Ciel un médecin plus puissant que ceux de la terre. Dieu a vu le chagrin, les larmes, le dévouement de la Mère générale. Il lui a laissé sa Fille.

Mgr Thibaudier s'était toujours montré si bon, si paternel pour la Croix, qu'on se demandait avec un peu d'anxiété ce que serait son successeur... On apprit bientôt que M. l'abbé Duval, curé de N.-D. du Havre, avait fixé le choix du gouvernement et qu'il était agréé du Saint-Père.

Tous les journaux en faisaient le plus grand éloge. La R. Mère Got, de passage au Havre pour se rendre en Angleterre, crut devoir aller présenter ses hommages et sa filiale soumission à l'évêque préconisé; elle fut ainsi la première personne du diocèse de Soissons qu'il vit et il s'en souvint...

Monseigneur devait être sacré le 24 février, intronisé à Soissons le 16 mars. Tout se fit de la sorte; il ne fut bientôt plus question que de l'affabilité, de la bonté extrême du nouvel évêque. Déjà notre maison de Soissons en avait reçu plus d'une preuve.

Le 14 mai, à huit heures du matin, Mgr Duval faisait son entrée à la Maison mère.

Après les cérémonies de la première Communion et de la Confirmation, Sa Grandeur désira voir la Communauté et les enfants. Une vaste salle avait été décorée pour la circonstance. Au milieu s'élevait un trône entouré de fleurs et de verdure, sous un petit arc de triomphe, et surmonté d'un écusson aux armes de Sa Grandeur.

L'entrée de Monseigneur dans la salle fut saluée par un très beau chœur, avec accompagnement d'harmonium et de piano. Puis une pastorale tout à fait allégorique et renfermant de délicates allusions, fut jouée par des enfants costumées en bergères. De jolis chants, un écho censé venir du Havre, s'harmonisaient parfaitement avec les paroles. Pour ajouter à l'illusion ou plutôt à

la réalité de la pastorale, on avait élevé
en face de Monseigneur un délicieux paysage; des rochers, de la verdure, des fleurs,
accidentés, ici d'un petit ravin, là d'une
grotte, plus loin d'un sentier montueux.
Sur un piédestal s'élevait une statuette de
N.-D. de Liesse, trop modeste don à notre
gré, puisqu'elle était destinée à Monseigneur qui voulut bien la garder toujours
sur son bureau. Trois troupeaux de jolis
moutons, errant dans la vallée, et se grou-
pant près de N.-Dame, animaient le paysage.
Vers la fin de la pastorale, les petites bergères allèrent s'agenouiller aux pieds de la
Madone et d'eux d'entre elles chantèrent,
d'une manière ravissante, sur un air magnifique dû à la complaisance et au talent de
M. Ogé, de Soissons, la prière suivante :

A tes pieds, nous voici, Madone de la Joie;
Pour nous, il a quitté le port de son bonheur,
Sous un autre horizon, fleuris encor sa voie;
Incline-toi vers Lui, verse un baume en son cœur.

O Vierge mère, ô toi, la Dame de Liesse,
Sois la douce lueur de l'azur de son ciel !
Garde ton noble fils ; couvre-le de tendresse ;
Que sa coupe n'ait point de fiel !

Pendant ce chant, Monseigneur, vivement ému, essuyait furtivement quelques larmes, tandis que son grand vicaire dissimulait moins les siennes.

Tout à coup une petite fille à qui l'on avait donné le mot, offrit à Monseigneur la statue de Notre-Dame, en lui exprimant le regret qu'elle ne fût pas plus belle. Monseigneur répondit très gracieusement qu'elle était plus jolie que celle qu'il avait au Havre, remercia les enfants de tout ce qu'elles lui avaient dit ou chanté et leur proposa un congé qui devait durer trois jours ! On juge avec quelle joie fut acceptée une si aimable proposition.

Il y avait quatre ans que la Mère Lecat était Supérieure locale à Saint-Quentin, lorsqu'elle fut appelée à exercer la même charge dans notre Maison de Bar-le-Duc. Ce fut un nouveau souci pour la Mère générale; qui allait-on choisir? Sa préoccupation ne fut pas de longue durée : les suffrages se portèrent unanimement sur une jeune Mère, alors maîtresse des novices. Dieu, toujours admirable dans ses desseins, voulait ainsi préparer une remplaçante à la R. Mère Got.

CHAPITRE IX.

NOCES D'OR DE LA R. MÈRE GOT; SA DÉMIS-
SION DE SUPÉRIEURE GÉNÉRALE.

Nous n'avons rien dit encore du jour par excellence de chaque année depuis 1859, jour impatiemment attendu, désiré, fêté comme nul autre, jour dont la date était en caractères de feu dans tous les cœurs : 4 *novembre, saint Charles Borromée.* Il était tellement connu et aimé ce jour, que la veille, les jardiniers et les bouquetières de Saint-Quentin transformaient, par leur étalage, la façade de la maison en une véritable exposition de fleurs.

Cependant le 4 novembre 1891, bien que les vœux, les parfums des fleurs les plus belles fussent abondamment prodigués; qu'un beau vitrail eût été offert; que la journée se passât toute dans la joie, dans l'expansion d'un filial amour, on sentait régner une sorte de restriction, planer ce je ne sais quoi qui résulte d'un *imprévu attendu*... La fête du *quatre* semblait pâlir cette année-là devant l'approche d'une autre... Déjà une date était répétée par toutes les bouches, sur tous les parcours, au près, au loin, dans les villes, dans les campagnes, partout où il y avait un cœur aimant la Croix et sa vénérée Supérieure. Le 12, le 12, c'est le 12... Quoi donc?... Oh! c'est que le 12 on doit fêter la cinquantaine de Profession de la chère Mère générale, et l'on entend bien faire en sorte que jamais fête, à la Croix, n'ait égalé celle-là.

Toutes les mesures sont prises : la digne et bonne supérieure locale se montre à la hauteur de sa tâche. Chacune rivalise de zèle pour la seconder. C'est un élan admirable, au dedans comme au dehors. Des lettres d'invitation sont lancées pour aller aux quatre vents du ciel, trouver les anciennes élèves qui ont connu, estimé et aimé la Révérende Mère. Plus de deux cents acceptent avec bonheur de passer ce jour à la Croix. Cent cinquante lettres et plus arrivent, témoignant les regrets les plus vifs, les plus sincères, devant une impossibilité qu'on aurait voulu vaincre à tout prix. Le plus souvent, ces lettres sont accompagnées d'envois gracieux, généreux même. C'est ineffable de délicatesse, de sentiments filials.

De leur côté, les Enfants de Marie de la ville ont envoyé une circulaire à leurs sœurs disséminées, espérant réunir six cents francs environ pour avoir une chape de drap d'or à offrir à la R. Mère comme cadeau de ses noces d'or. Il surgit spontanément une très belle somme qui permet de joindre à la chape un ornement complet et même d'exécuter dans la chapelle des travaux d'embellissement. De plus, des cadeaux particuliers sont offerts et donnent à la R. Mère la joie d'enrichir les sacristies les plus pauvres de ses maisons. Un vitrail représentant la Cène reste dans le sanctuaire, comme le témoignage de l'affection filiale d'une ancienne élève. Que d'autres présents secrets! Et ces mains et ces cœurs qui ont voulu rester inconnus de la foule et qui ont si délicatement pourvu aux frais des repas; prêté de l'argenterie, de la vaisselle, etc. offert des chambres à nos anciennes élèves. Monseigneur de Soissons, Messieurs les chanoines Cardon et Brancourt ses vicaires généraux; messieurs les abbés Hanoteaux, aumônier de notre maison de Soissons; Brion de celle de Bar; Bastin fils sont arrivés. Comme par enchantement, tout s'organise dans le calme et l'ordre le plus parfait. On compte sur quatre cent cinquante convives pour cette journée du 12, et personne n'en paraît effrayé! Dépensières, cuisinières, semblent visiblement aidées par leurs anges gardiens.

Une distribution de pain devra être faite à la classe gratuite.

Des images sont commandées en grand nombre, lesquelles auront à leur revers la photographie tant désirée de la R. Mère Got! Enfin tout convie à la joie et l'on voit avec un indicible bonheur arriver cette fête préparée par la reconnaissance, la vénération et l'amour. Personne n'y veut rester étranger.

Voici la veille; dès l'après-midi, classe gratuite, externat, pensionnat ont offert leurs compliments, leurs vœux à Madame la Supérieure générale. Nos enfants du dehors, dames ou jeunes filles, arrivent de toutes parts.

A six heures et demie, c'est au tour de la communauté à offrir ses vœux, ses chants et

une multitude d'objets confectionnés en secret pour ce jour où la gratitude et la plus
respectueuse affection peuvent se laisser
entrevoir.

C'est une charmante exposition : des al-
bums, de fines images peintes à la main, de
petits chefs-d'œuvre de lingerie, que sais-je?
impossible de tout énumérer. Ici du raisin
superbe de Soissons; là une caisse remplie
de jolis ouvrages de Bar-le-Duc; à côté, un
tableau... qu'est-ce donc? une merveilleuse
et artistique découpure, d'un fini remarquable, faite par une de nos Sœurs de La
Louvière.

La chère Mère générale paraît accablée
sous le poids des émotions fortes et douces
qui assaillent son cœur maternel. Elle a
résolu cette fois de *tout subir,* dans l'intérêt
de sa chère Congrégation; aussi se prête-
t-elle à tout avec une modestie et une grâce
charmantes. « *C'est trop,* nous dit-elle d'un
ton très ému, *c'est trop, mes Sœurs; vous*

*vous donnez toutes tant de mal pour pré-
parer une belle fête à quelqu'un qui n'en
vaut pas la peine...* Puis elle répète par trois
fois : « *Je suis édifiée, bien édifiée de votre
charité, vrai, je ne puis pas dire autrement,
je ne sais pas dire autre chose...* »

Tous les yeux se mouillent; les cœurs se
confondent; cependant il faut se séparer;
l'on a hâte de saluer l'aurore du lendemain.
Que sera-t-elle? va-t-elle se montrer en
larmes ou bien nous apparaître toute joyeuse,
comme il convient pour être à l'unisson des
cœurs? Il a tant plu aujourd'hui! Mais non;
voici les premières lueurs de ce jour à jamais
béni! Le Ciel lui-même veut être de la fête :
température douce, soleil radieux, ciel de
printemps sans nuage, c'est ravissant! Après
ce début céleste, que va-t-il suivre?... Les
humbles, les petits commencent; ne fête-t-on
pas l'Épouse du Dieu de la crèche et de la
Croix?

A six heures et demie, toutes les Congréganistes de l'externat, bannière en tête, font leur entrée solennelle à la chapelle, au son de l'orgue. Soixante d'entre elles offrent pour la Révérende Mère, une communion en ce jour ; puis, dans le local qui leur est affecté, leur reconnaissance fait explosion ; le compliment, les chants surabondent de gratitude, et leur cadeau en restera la preuve permanente.

A sept heures un quart, c'est le tour des anciennes élèves du pensionnat. Elles aussi ont voulu avoir une messe particulière et y recevoir N.-S., pour mieux le prier en faveur de la R. Mère générale. Sous l'impression de ces senteurs de piété si délicates, si fraîches, son cœur se prépare pour la grand' messe qui va avoir lieu à neuf heures et demie. Messe solennelle s'il en fut, messe pontificale accordée gracieusement, comme privilège, par Monseigneur.

Il est huit heures vingt. Dès hier, la salle de récréation a été transformée en salle d'honneur; des tentures blanches, couvertes de mignons bouquets de verdure, des guirlandes de gaze blanche ornées de roses artificielles, des lampes vénitiennes, rien ne manque pour réjouir les yeux et les cœurs. M. l'abbé Lelong, notre digne aumônier dont le dévouement s'étend à tout, s'est fait maître de cérémonies; aussi le défilé est admirable d'ordre et de silence. En tête, marchent sur deux rangs les enfants de la classe gratuite, puis viennent celles de l'externat, du pensionnat; les anciennes élèves au nombre de deux cents environ; la communauté; la vénérable Jubilaire, ayant à sa droite et à sa gauche les deux plus anciennes religieuses, Mère Aloysia et Mère Damay.

Voici venir le clergé: huit enfants de chœur, fils de nos anciennes élèves; quatre sont en costume de maîtrise pontificale; vingt-cinq à trente prêtres, les uns en aube, d'autres en dalmatique ou en chape; les vicaires généraux; Mgr Duval, l'évêque du diocèse, en chasuble d'or; crosse en main, mitre en tête, sandales blanches aux pieds. La procession entre à la chapelle; malgré cette affluence, tout le monde trouve de la place. Des flots d'harmonie descendent de la tribune; M. Ogé, l'organiste de Soissons, est venu prêter son talent à la solennité de la fête. Monseigneur est au bas de l'autel; la R. Mère, au milieu du chœur, sa couronne de roses à feuilles d'or sur la tête. La messe pontificale commence, belle, majestueuse, imposante. Les chanteuses, électrisées par ce qu'elles voient, ce qu'elles sentent, se surpassent pour rendre la messe de Dumont dans toute sa beauté. La bénédiction du premier pasteur s'est fait entendre; la R. Mère se lève, toute la communauté vient recevoir d'elle le baiser de paix. Les regards attendris disent la reconnaissance, la joie qui débordent de tous les cœurs.

Il faut sortir du lieu saint; la procession défile de nouveau. On se rend à la salle de récréation ; elle est bondée... le pensionnat doit se retirer dans la cour des externes. Monseigneur arrive, sourit, bénit, rentre dans ses appartements. Les anciennes élèves attendent... Qui donc ? Faut-il le demander ?... Leurs présents sont là : elles veulent en faire hommage à la R. Mère ; elles ont soif de la voir ! Elle paraît, tenant en main les images commémoratives de la cinquantaine. O bonheur ! on a aperçu derrière, son portrait !... C'est une exclamation, un empressement ! De peur de ne pas en avoir, on se précipite, on étouffe presque la vénérée Jubilaire ; faut-il le dire ? quelques-unes sont arrivées à tirer plusieurs images de ses mains... Il n'y en a plus ! Mais il y en aura encore... des quantités sont attendues, seront remises aux adresses données, et combien seront envoyées par la poste !

Tout cela est très beau. Mais il est onze heures et demie. Vite, pensionnaires et externes, à table. Quelle famille ! ce n'est rien encore. Tout va être desservi et resservi comme par enchantement... A midi et demi, les anciennes élèves sont conviées; plusieurs ont dû, bien à regret, retourner au foyer domestique où le devoir les appelait. Grand nombre restent!... Quelle joie de se retrouver! Que de souvenirs éveillent ce réfectoire, ce voisinage de telle et telle ancienne compagne!

Une fée, celle du dévouement et de l'obéissance, a présidé partout; c'est évident... Soudain tout le monde se lève, se tait au réfectoire... Monseigneur vient d'entrer, suivi de plusieurs ecclésiastiques. Des enfants chantent des couplets en l'honneur de la R. Mère. Voici mieux : le vénérable octogénaire du lycée, M. l'abbé Cardon, chante sa poésie, improvisée pour la circonstance.

LA FLEUR DU JARDIN DE DIEU.

Sors de ton sommeil, muse paresseuse,
La froide vieillesse a glacé ton sang;

Reprends pour un jour ta lyre joyeuse,
Ote à mon esprit son lourd vêtement.
Ne rappelons plus les jeunes années,
Les roses du jour, si vite fanées,
Célébrons la fleur qui croît en ce lieu,
La charmante fleur du jardin de Dieu.

Cette blanche rose, au désert du monde,
Souvent, hélas ! meurt sous un ciel brûlant ;
Dans cette oasis, la rosée abonde,
La tige a gardé son riche ornement.
La fleur virginale est toujours nouvelle :
Plus elle est ancienne et plus elle est belle.
Gloire à la vertu qu'on fête en ce lieu ;
N'est-ce pas la fleur du jardin de Dieu ?

Nous vous saluons, rose virginale,
La joie et l'amour du céleste Époux,
L'honneur du parterre exquis d'où s'exhale
Dans ce saint asile, un parfum si doux !
Vivez de longs jours, Vierge à Dieu fidèle,
Vierge, de vos sœurs, aimable modèle,
Vivez : la prière, âme du saint lieu,
Rajeunit la fleur du jardin de Dieu.

Dans ce gai séjour où de l'innocence,
Les fronts radieux sont si beaux à voir,
Grâce à vos leçons, au cœur de l'enfance,

Germe avec la foi, l'amour du devoir.
Bonne Mère, aussi que de petits anges
Du Roi des cœurs purs chantent les louanges !
Jésus leur dira : Venez voir aux cieux
La brillante fleur du jardin de Dieu.

Des applaudissements accueillent chaque couplet.

Aussitôt la fin, une ancienne élève s'avance : c'est l'excellente Mme Jouitteaux qui porte à la vénérée Supérieure, au nom de toutes, un toast plein de délicatesse et d'affectueuse vénération. Ce privilège lui était dû : n'avait-elle pas fait cent soixante lieues pour témoigner de ses sentiments !... Que de joyeux vivats ont suivi !

A trois heures, salut solennel d'actions de grâces : Monseigneur le célèbre avec la nouvelle chape. Mais... quelle surprise !... apparaît tout à coup, au-dessus de la grande niche où repose l'ostensoir, une croix et une ancre illuminées instantanément. N'était la sainteté du lieu, on eût applaudi.

Dans ces gracieux agencements, on reconnaît le bon goût de M. l'abbé Lelong, le digne aumônier de la Croix.

Cinq heures! c'est le moment mystérieux, impatiemment attendu. Une vaste salle est remplie de bancs, de tabourets, de chaises, de fauteuils. Il y en a pour cinq ou six cents personnes; tous seront occupés. Au fond se dresse un joli théâtre à devanture de velours rouge, sur laquelle on remarque de gracieux écussons offrant aux regards les dates d'entrée, de profession de la R. Mère. Sur d'autres, sont les dates des fondations faites par son zèle depuis quarante ans!

A cinq heures, élèves actuelles, anciennes, dames ou jeunes filles, communauté, une trentaine de prêtres, remplissent la salle. Tout le monde est placé. Sa Grandeur entre, suivie de ses vicaires généraux. Un brillant morceau à quatre mains les accueille. Puis la toile se lève : un parterre vivant, composé des toutes petites de la

classe enfantine, occupe le milieu du théâtre. Elles chantent. La Rose, vêtue d'une
robe de tulle rose, semée de roses naturelles, tenant un sceptre et ayant un diadème de mêmes fleurs, la rose est la reine
du parterre; elle représente la Maison de
Saint-Quentin, accueille le lis venu de Soissons pour rappeler le dévouement et les
bienfaits de la R. Mère, alors qu'elle y était
Supérieure; puis, arrivent le myosotis de
Bar, la violette de la Louvière et la pâque-
rette de Boscombe. Tous à l'envi parlent
d'amour, de gratitude et chantent la Mère
fêtée en ce jour. Le prologue terminé, le
rideau tombe. Bientôt il se relève. On sait
pourquoi; cinq cents programmes ont été
distribués.

On joue *Triomphe du christianisme et
de la Croix*, pièce composée par l'une des
religieuses de la communauté. Le premier
acte nous introduit dans la famille de Constantin.

L'intermède est occupé par une *Variation brillante,* duo : piano et violon. La violoniste est une enfant de dix ans. Que d'applaudissements éclatent!

La toile se lève de nouveau : le second acte est émouvant; on assiste aux phases successives de la conversion d'une matrone romaine, amie de l'impératrice. Les actrices se surpassent.

Second intermède : le programme annonce une cantate. Oui, mais ce qu'il ne dit pas, c'est... une surprise! Peu de personnes sont dans le secret; la R. Mère n'y est pas. Une ancienne élève paraît, tenant un grand tableau à la main. Elle lit : *Bénédiction papale accordée à la R. Mère, à ses Sœurs, à ses proches parents jusqu'au 4ᵐᵉ degré.* Bénédiction signée de Léon XIII, encadrée d'un délicat travail en bois sculpté, par Monsieur l'Aumônier.

L'émotion, les vivats montent toujours. On ne se tait que parce que commence une nouvelle cantate, superbe de musique, de reconnaissance et d'amour.

Le troisième acte nous montre Constantin victorieux; l'intérêt croît et se manifeste de plus en plus.

Au dernier intermède, un ange et un enfant apparaissent : *Épines et fleurs*, délicieuse poésie, pleine d'allusions délicates. Elle est suivie du *Miserere du Trovatore*, trio : piano, orgue et violon. Le tout est couvert d'applaudissements.

Enfin le quatrième acte a transporté tout le monde à Jérusalem. La vraie Croix est retrouvée, montrée et honorée. Un bel hymne à cette croix sainte termine la pièce.

Tout à coup le silence se fait : Monseigneur est debout devant la R. Mère et tourné vers l'assemblée. Sa parole est vibrante, parfois pleine de larmes et toujours l'écho de l'éloquence du cœur.

« J'aurais voulu parler ce matin; je n'ai pas osé interrompre le colloque de Jésus avec son Épouse;

qui nous dira ce qu'il était!... Puis je me suis défié
de ma faiblesse et j'ai bien fait. Je ne puis, sans
une émotion profonde, voir cette nombreuse assistance, venue pour rendre hommage à la vertu et
au dévouement d'un demi-siècle!...

« Si elle est belle, ma Révérende Mère, la couronne de roses que l'affection de vos Filles a dépo-
sée sur votre tête, plus belle mille fois cette couronne de tant de générations, de tant de mères de
famille, formées à la vertu par l'éducation que vous
leur avez donnée...

« Allez, Mesdames, allez porter de par le monde,
les fruits de cette éducation reçue ici, à l'ombre de
la Croix. Nous sommes en plein paganisme; le
monde a besoin de femmes fortes, de femmes chrétiennes, vous serez ces femmes! Vous, élèves de la
Croix, n'êtes-vous pas des croisés, des chrétiennes
de bonne marque? Merci d'être accourues du midi
et du septentrion pour former une couronne d'honneur à la vénérée Jubilaire! Merci à vous, ma Révérende Mère, merci au nom de l'Église, au nom
de mon cher diocèse, de tout le bien que vous y
avez fait! de ces cinquante années d'un dévouement caché, mais glorieux quand même, par les
œuvres qu'il a su élever et soutenir. Merci pour
cette phalange d'enfants élevés dans le devoir;
pour cette maison de Soissons qui marche sur les

traces de la Maison mère... Je suis entré au séminaire en cette même année 1838 où vous êtes entrée à la Croix. Cette coïncidence de ces deux vocations m'émeut... Mon cœur aime à rapprocher ces deux appels différents... Vous y avez répondu, ma vénérable Mère, par un dévouement entier. Puissé-je, comme vous, me dévouer plus que jamais au bien des âmes; car, moi aussi, je veux être complètement à ma grande tâche! Courage, ma Mère! achevons notre carrière sacerdotale ou religieuse. Le Jésus de la Croix viendra, non plus crucifié, mais glorifié... non plus au Calvaire, mais au bord de l'éternité des joies sans fin! Il dira : Viens, tu m'as servi; viens recevoir ta récompense!... Puissent toutes les bénédictions du Ciel descendre, plus abondantes que jamais, sur vos derniers jours! Que le Seigneur retarde l'appel qu'Il vous fera! mais que plus tard, il vous couronne encore dans les demeures éternelles!

Des applaudissements chaleureux et prolongés suivirent ce discours si impatiemment attendu et qui aurait manqué à la fête. Des larmes étaient dans tous les yeux. On remarqua l'attitude si profondément abaissée et si émue de la R. Mère. Elle succombait sous le poids des émotions! Son énergie habituelle la releva pour faire à ses dignes hôtes les derniers honneurs de ce jour. Et comme le lendemain, l'un des vicaires généraux disait à son évêque : « Eh « bien! Monseigneur, quelle impression « remportez-vous de cette fête, de cette « journée à la Croix de Saint-Quentin? — « Oh! répondit Monseigneur, *j'en suis en-* « *core tout embaumé!* »

Ce mot était l'écho fidèle de tous les cœurs; il y eut en eux un long retentissement de cette fête inoubliable.

Pourquoi, sur cette terre, lorsqu'on a goûté quelque joie, quelque plaisir, même des plus purs, faut-il tout de suite parler de tristesse? Nous sommes en exil; telle est la réponse de la Foi.

Le 9 janvier 1892, une douloureuse nouvelle jetait un voile de deuil sur nos cœurs naguère remplis d'une douce allégresse! Mgr l'archevêque de Cambrai venait de s'éteindre! Son éloge était dans toutes les bouches; on louait avec raison sa haute sagesse, sa bonté, son zèle, son amour pour la sainte Église, la patience et l'admirable résignation qu'il avait montrées pendant ses longues et intolérables souffrances. Sous un extérieur un peu froid, Mgr Thibaudier cachait un cœur sensible et, en causant avec lui, on ne tardait pas à découvrir la noblesse et la sainteté de cette âme qui ne voulait et ne cherchait que la gloire de Dieu, réalisant ainsi la belle devise de son blason épiscopal : *Ne faut-il pas que je cherche avant tout les intérêts de mon Père?*

Chaque décès de ceux qu'elle avait connus, estimés, faisait au cœur de la Mère générale une blessure profonde. Lorsqu'il s'agissait d'une de ses Filles, la douleur était poignante! La chère Mère que tout le monde se plaisait à nommer *la bonne Mère Damay* était tombée malade depuis une quinzaine de jours, lorsqu'une circonstance exceptionnelle obligea la R. Mère Got à se rendre à Bar. Pendant son absence, le mal fit de rapides progrès, nos inquiétudes s'accrurent; la pauvre malade demandait souvent : « *la Mère, la Mère, quand reviendra-t-elle?...* »

Une lettre prévint la R. Mère; aussitôt, un télégramme avertit de son retour, elle quittait Bar le soir même. On porta cette bienheureuse dépêche à la malade qui la saisit et la baisa!...

Le lendemain, il fallut lui administrer les derniers sacrements : la chère mourante, soutenue par sa Mère bien-aimée, voulut, avant de les recevoir, demander pardon à ses Sœurs de ce qui aurait pu les mal édifier et les assurer que si parfois elle avait fait de la peine à quelqu'une d'entre elles, c'était *involontairement*. Elle disait bien vrai! Jamais son cœur ni son exquise délicatesse ne le lui eussent permis. Le 9 mai,

la bonne et pieuse Mère s'éteignit doucement, sans agonie aucune.

Depuis que le lecteur nous suit dans la
Vie que nous lui mettons sous les yeux, ne
s'est-il pas demandé plus d'une fois, quelle
force d'organisation intellectuelle et physique devait être celle de Madame Got, pour
faire face à tant de préoccupations et de fatigues de tous genres? Qu'on se rappelle son
indomptable énergie soutenue par une Foi
invincible, et l'on aura la clef de l'énigme!

Mais tout a des limites en ce monde : il
y avait trente-trois ans que la R. Mère exerçait les fonctions de Supérieure générale et
elle comptait soixante-quatorze années depuis sa naissance!

On n'avait pas remarqué sans peine,
sans inquiétude, que, depuis un an surtout,
se produisait en elle un affaiblissement
physique et moral très sensible. Elle-même
n'était pas sans le constater; sa mémoire
étant bien moins fidèle, le travail lui deve-

nait de plus en plus pénible. La généreuse
Mère ne se laissa point abattre d'abord ; elle
lutta tant qu'elle put, contre cette déchéance
de la nature. Enfin, elle crut de son devoir,
dans l'intérêt de sa chère Congrégation,
de remettre les armes à une autre : elle envoya secrètement sa démission de Supérieure générale à Monseigneur l'Évèque,
trois mois avant la convocation du Chapitre
de 1892.

Dès l'ouverture qui en fut faite au mois
de septembre, par M. le chanoine Cardon,
délégué de Monseigneur, les capitulantes
furent profondément émues et édifiées, en
voyant la R. Mère Got se jeter aux genoux
de Monsieur le Supérieur et dire : « Mon
« vénéré Père, je vous prie d'agréer et de
« faire accepter au Chapitre ma démission
« de Supérieure générale; je me sens inca-
« pable de continuer mes fonctions. Je de-
« mande très humblement pardon de toutes
« les fautes, de tous les manquements dont

« je me suis rendue coupable pendant ma
« supériorité; je me recommande aux priè-
« res de toutes. » Monsieur le vicaire général répondit : « Nous sommes très touchés,
« ma Révérende Mère, de la démarche que
« vous faites en ce moment. Vous vous êtes
« trop bien acquittée de votre mission pour
« que nous ne regrettions pas vivement
« que l'état de votre santé vous empêche
« de la continuer. Vous avez bien mérité
« le repos que vous demandez. Heureuse-
« ment nous ne vous perdrons pas; nous
« aurons toujours vos exemples et nous
« aimerons à recourir encore à vos sages
« conseils. »

Les larmes coulaient de tous les yeux.
Pendant plusieurs jours, les personnes de la
Communauté qui ne faisaient pas partie du
Chapitre, comprirent qu'une décision de la
dernière importance était en question. Elles
respectèrent le beau silence des capitulantes, et prièrent ardemment avec elles. Il sem-

blait que l'Esprit-Saint planait sur cette assemblée comme sur un nouveau cénacle. Arriva le jour solennel des élections : l'offrande du saint-sacrifice, la communion générale, avaient préparé toutes les âmes à faire ou à accepter la volonté divine.

La R. Mère Got, ayant maintenu sa résolution première, il fallut procéder à l'élection d'une nouvelle Supérieure générale. Les suffrages se portèrent sur la Mère de Saint-Preux qui obtint une majorité absolue. Nul n'en fut étonné : on avait pu apprécier cette digne Mère tout le temps qu'elle avait exercé la charge de maîtresse des novices et pendant les deux années de sa supériorité locale à Saint-Quentin. Elle seule, terrassée par cette nomination inattendue pour elle, se jeta à genoux et s'écria : « Ce n'est pas « possible! Je suis la plus nouvelle de tou- « tes celles qui sont ici! et puis, je n'ai « pas ce qu'il faut! »

— « Vous savez que les Constitutions

« ne permettent pas à la personne élue de
« refuser, » lui dit M. le Supérieur...

La pauvre Mère ne sachant à quel expédient avoir recours alors, alla se jeter dans
les bras de la vénérée démissionnaire :
« N'est-ce pas que je ne puis accepter? dites
que ce n'est pas possible... — Si, si, ma
fille, c'est la volonté de Dieu!... » et la R.
Mère Got fit asseoir de force la nouvelle élue
à sa place de supérieure générale, en lui
baisant la main. Il n'y avait plus à reculer...
Rien ne peut rendre cette scène émou-
vante.

Une autre non moins touchante, la suivit :
le Chapitre aurait voulu laisser à la R. Mère
Got sa place d'honneur, bien achetée par ses
trente-trois années de dévouement excep-
tionnel. Sondée à ce sujet par son vénéré
Supérieur : « *Moi!* s'écria-t-elle spontané-
« ment, *donner un tel exemple* » !... Ce
mot, sorti de son cœur et de son esprit si
profondément religieux, jeta tout le monde

dans l'admiration sans étonner personne. Comme le dit alors un des membres du Chapitre : « *Ce serait la première fois que la R. Mère nous donnerait un mauvais exemple !* » Heureuses les communautés qui renferment dans leur sein des religieuses de cette trempe ! Heureuses aussi celles qui sont témoins d'une semblable abnégation et auxquelles de pareils exemples prêchent si éloquemment les devoirs de leur saint état !

Les capitulantes tinrent du moins à compter encore la vénérée démissionnaire dans le Conseil privé de la Supérieure et en firent même son admonitrice. La R. Mère de Saint-Preux fut un peu consolée de l'avoir pour Ange gardien. Hélas ! ce secours si précieux devait être de courte durée !

En ce jour mémorable, la vénérée Mère Got pria tout de suite la nouvelle élue de lui donner l'adresse de son frère et des autres membres de sa famille, voulant être, disait-elle, la permière à leur annoncer la grande nouvelle. Quel cœur ! quelle délicatesse ! Quelle grandeur d'âme !

Il fut beau de voir, le soir même des élections, les deux Révérendes Mères lutter d'égards, de déférence, d'humilité. La R. Mère Got ne voulait pas qu'on joignît l'épithète de *Révérende* à son nom. « Ce n'est plus moi la Révérende Mère, disait-elle ; non, non, c'est Mère de Saint-Preux. Ma Révérende Mère, empêchez qu'on m'appelle comme cela. » Inutile de dire que loin de répondre aux désirs de l'humble Mère sous ce rapport, on lui conserva ce titre jusqu'à son dernier jour, et que chacune redoubla d'attentions, de respect et d'amour envers celle qui avait acquis une place inaliénable dans tous les cœurs.

CHAPITRE X.

VIE PRIVÉE DE LA R. M. GOT

Lorsque l'on a suivi le cours d'un bel astre décrivant son orbite et qu'approche son déclin, on s'arrête pour le considérer encore et de plus près. Qui ne s'est surpris à contempler longtemps le roi de la lumière disparaissant peu à peu dans les ondes vaporeuses d'un crépuscule d'été, et qui ne s'est dit alors : « Il ne meurt pas ! il va vivre pour d'autres régions !... »

Telles les impressions que nous ressentons en voyant les ombres s'étendre sur cette existence, si lumineuse en sa modeste sphère ! Nous éprouvons le besoin de la scruter, de l'étudier jusque dans ses moindres rayonnements ; plus la pierre précieuse est exposée à la lumière, plus il en jaillit de beautés.

Par tout ce qui a été dit déjà, le lecteur a dû être frappé du complet oubli de soi-même qui distinguait la vénérée Mère Got ; comptant pour rien sa propre santé, ses fatigues, ses veilles, ses pénitences, s'il devait en résulter un bien général ou particulier. Autant il était difficile de lui faire accepter pour elle-même quelques petits soulagements dans ses souffrances, autant elle tenait à en procurer aux autres. Que de fois elle se levait la nuit pour aller voir si telle personne malade ou simplement souffrante, reposait, avait tout ce qui lui était nécessaire ! Elle arrivait tout doucement et si la pauvre malade ne dormait pas, elle lui disait un mot d'encouragement, la changeait de position et plus d'une avoue qu'il n'y avait qu'elle pour en donner une bonne !...

L'une de ses filles s'exprime ainsi : Une

nuit je sommeillais, très agitée, accablée par la fièvre ; la souffrance plus aiguë, m'éveilla complètement ; ouvrant les yeux, je vis ma Mère bien-aimée, tout comme un Ange gardien, veillant près de mon lit. Elle se pencha vers moi, me fit une croix sur le front, arrangea mon oreiller, me replaça plus commodément et, après m'avoir dit. quelques mots bien bons et tout bas, elle se retira sans bruit, me promettant sa visite pour le lendemain… Quel oubli d'elle-même, elle qui avait tant besoin de repos ! »

Une autre personne écrit : « Comment dire les soins vraiment maternels dont elle entourait ses religieuses malades ! s'inquiétant dès le grand matin, de la manière dont on avait passé la nuit ; de ce que l'on prenait aux repas ; des désirs que l'on pouvait avoir ; imposant son autorité lorsqu'elle jugeait que telle ou telle aurait besoin de repos ; répondant à celle qu'elle avait obligée de rester un peu plus tard au lit pendant quelques jours, et qui lui demandait pour se lever avec les autres le lendemain : « Je ne réponds jamais à cela la veille ; il faut que je sache ce « qu'a été la nuit, » ou bien répondant plusieurs jours de suite, pour éviter un refus : « Nous verrons cela demain. »

L'infirmière, plus au courant que beaucoup d'autres sous le rapport de la santé, dit : « Combien de fois, lorsque moi-même j'étais couchée le matin par ses ordres, était-elle allée visiter une personne indisposée ; lui porter à boire, lui préparer et lui appliquer un cataplasme. Quand elle était entrée chez une malade, elle avait toujours commencé par lui rendre les services les plus bas. Elle venait me trouver, alors que j'étais encore dans mon lit et, sans me parler de ce qu'elle avait fait, elle me disait : Telle personne est souffrante ; elle a ce qu'il lui faut ; dans une heure vous irez voir si elle a besoin d'autre chose. »

Ayant appris un jour qu'une Religieuse

qui en était à son quinzième vésicatoire, avait souffert de la manière dont on le lui avait arrangé, elle ne dit rien ; mais à quatre heures du matin, pendant plusieurs jours, elle se rendit chez elle : « Chut! ne dites rien ; tenez voilà qui est tout prêt ; levez votre vésicatoire, que personne n'y touche que vous. A présent, voici de l'huile d'amandes douces. Au revoir et silence! »

Un autre jour, elle apprend qu'une de ses Filles est prise de vomissements. Vite elle confectionne elle-même je ne sais quelle boisson, l'envoie ; la porteuse dit à la malade : « Ce doit être bien bon : la R. Mère y a mis tous ses soins. » Accourt tout à coup la bonne Supérieure elle-même : « Vite, donnez-moi cela, dit-elle en prenant la cuvette pleine... — Non, non, je la viderai tout à l'heure, je me sens mieux. — Je ne veux pas. — Ma R. Mère, je vous en prie. — Chut! » Que dire? il fallait bien se laisser faire ; quand même l'on savait que cela lui faisait mal, parce qu'elle n'avait pas le cœur solide!

En cas de maladie, on a vu ce qu'elle faisait. Si le danger survenait, elle couchait près des malades et se levait combien de fois! Qui dira ce qu'elle était près des agonisantes! comment elle les préparait au dernier sacrifice, avec quelle délicatesse elle leur faisait comprendre que Dieu le leur demandait!

Disons-le pour satisfaire à la vérité : la R. Mère Got n'avait pas cet extérieur affable qui charme de prime-abord; le sourire n'était pas tout de suite sur ses lèvres, non; l'on sentait plutôt peser sur soi un regard observateur, un peu sévère parfois. Sa parole ferme, même tranchante, n'admettait point de réplique. Son commandement net, positif, ne souffrait pas de retard. Son caractère, naturellement très ferme, supportait difficilement la contradiction. Ses manières, quelquefois impatientes, pouvaient éloigner qui n'analysait pas cette nature si rigide pour elle-même; qui ne savait pas briser l'écorce pour trouver le cœur; qui ne s'élevait pas plus haut que les mesquines susceptibilités d'un amour-propre froissé. Mais, après avoir reconnu ces faiblesses, inhérentes à toute nature humaine, qu'on nous laisse glaner dans ce champ si riche, si fécond, si beau malgré tout! Qu'on se rappelle qu'une existence habituellement surmenée, hérissée d'épines, traversée par mille obstacles, ayant à franchir des temps difficiles, usée avant son automne, avant même son été, a droit à bien des excuses dans l'esprit de tous; à plus forte raison dans les cœurs qu'elle a aimés, dans les âmes qu'elle a soutenues; dans tous ceux qui l'ont vue à l'œuvre.

La juger seulement d'après ses dernières années, alors que la maladie lui avait enlevé la meilleure partie d'elle-même, serait souverainement injuste. Du reste, nous allons continuer de laisser parler les faits, de la laisser parler et agir elle-même. La preuve que, malgré ses imperfections, ses saillies de caractère, la R. Mère Got avait un fonds excellent sous tous rapports, c'est qu'après son trépas, l'on n'entendait que ce mot, sorti de toutes les bouches : *Oh! qu'elle était bonne!* Bonne pour tous, pour les pauvres surtout. Une certaine année où la misère régnait plus que de coutume, elle fit distribuer tant de pain à la porte qu'il fallut un boulanger exprès pour les nécessiteux et comme quelques-uns abusaient, se présentant trois ou quatre fois le même jour, la portière crut devoir en prévenir sa bonne Supérieure qui lui répondit : « *Eh bien! ma sœur, si nous n'avions la permission d'aller au bon Dieu qu'une fois par jour, que deviendrions-nous?...* »

Une bonne Sœur écrit : « Bien que je fusse la dernière des coadjutrices, par rang comme par capacité, j'aurais pu me croire sa préférée, tant elle était bonne, compatissante, pleine de sollicitude pour ma santé. Quand elle nous rencontrait cirant les escaliers ou ailleurs, souvent elle disait un bon mot qui relevait et encourageait. Comme elle était perspicace! Craignant que j'aime trop naturellement une personne à qui je dois beaucoup de reconnaissance, elle me dit : *Il ne faut pas faire un beau trône dans votre cœur à telle personne et puis que le bon Dieu vienne après; non; le beau trône doit être pour N. S.* Quand j'eus fait profession, il fallut quitter la chère Maison mère ; elle vint me trouver dans mon emploi pour me l'annoncer, me dit toutes sortes de bonnes choses, entre autres : *Surtout, surtout, gardez bien le bon esprit; ne le laissez pas entamer.* Puis, un peu plus tard, elle m'envoya une image où il y avait : *L'esprit qui me conduit ne connaît que le Ciel.* Depuis qu'elle a quitté ce monde, ses paroles et ses exemples me reviennent plus fréquemment à la mémoire; j'y puise consolation et courage. Je l'ai entendue souvent nous recommander de nous demander à nous-mêmes, à l'exemple de saint Bernard : *Qu'es-tu venue faire ici. Pourquoi as-tu quitté le monde?...* Être fidèle à la règle était le plus grand plaisir qu'on pût lui faire et lorsqu'on lui avouait quelques manquements, qu'elle était ferme pour reprendre, mais bonne pour relever et encourager! Elle recommandait d'être déférentes, de bien recevoir les observations.

« L'humilité devait être une de ses vertus favorites; elle en parlait souvent et si bien! *Croyez-vous*, nous disait-elle, *que moi je n'aie pas d'humiliations? mais j'en ai toute la journée.* Voici encore une de ses pensées : *La Croix est un excellent livre; que nous serions savants, si nous y lisions souvent!...* Les novices aimaient à la rencontrer, à avoir un de ses regards, un bon petit mot. Sa bonté se montrait encore davantage à l'égard des timides et des maladroites. »

Nous copions : « L'amour du devoir et l'esprit religieux perçaient dans tous ses actes. Nous nous sentions fortifiées par une sollicitude de tous les instants. Oh ! que son grand cœur savait faire sentir qu'elle était mère, ne voulant de chacune de nous qu'une mâle vertu ! Par cela seul, on pouvait lui procurer une joie incompréhensible pour ceux qui ne l'ont pas connue. »

Ailleurs nous lisons : « Dès que je l'ai connue, je me suis sentie portée à l'aimer, mais de cette affection vraie, profonde, basée sur l'estime et la confiance. Ses reproches étaient bien reçus, parce qu'ils témoignaient de la droiture de son jugement, de cette perspicacité qui m'ont laissée souvent dans l'admiration. Quelle connaissance elle avait de ses sujets ! rien ne lui échappait. Qu'elle était habile à déjouer les ruses, les petits détours de l'amour-propre ! Il était parfois difficile de l'aborder à cause des occupations multiples de sa charge ; dans une de ces circonstances, je me laissai gagner par le mécontentement et lui témoignai mon ennui d'une façon un peu amère. Un quart d'heure après, elle me sonnait, sans s'inquiéter si j'étais assez calme pour comprendre mes torts. Ses bonnes paroles ramenèrent la sérénité dans mon âme. Quelle sécurité l'on éprouvait de sentir son regard maternel attentif à tout ce qui aurait pu être nuisible à l'âme et au corps !

Voici un autre souvenir reconnaissant d'une de nos bonnes sœurs coadjutrices : « J'étais renvoyée du Noviciat à cause de ma mauvaise santé ; je pleurais ; Mère Got me vit, m'appela et me dit : « A votre place, j'irais trouver N. R. Mère Henriette et je lui dirais : Ma Mère, voulez-vous essayer pendant un an ou deux ; peut-être qu'en allant à Saint-Joseph ma santé se fortifiera et je pourrai rester. » J'y allai : on me garda. Chaque fois que la Mère Got me rencontrait, elle me demandait comment ça allait et me disait toujours : *Courage et confiance!* Au bout de six mois, un matin, elle m'appelle : « Allez demander à Mère Macé pour rentrer au noviciat. — Elle ne voudra pas. — « Si, elle voudra. » Un instant après, je la vis qui lui parlait. J'allai ensuite au noviciat et j'y suis restée. Le jour de ma prise d'habit, Mère Got était aussi contente que moi. Plus tard, je fus envoyée à Soissons : « Je suis « bien contente que vous partiez par là, me « dit-elle, vous aurez plus d'air, je crois que « vous irez mieux qu'ici. » Elle me conduisit et voyant que je n'avais pas de gants, elle me donna les siens. Toute sa vie, quand elle eut occasion de me revoir, elle me témoigna toujours beaucoup d'intérêt. »

Un jour, elle rencontra une postulante qui, sans doute, avait l'air un peu triste : « Est-ce que vous vous ennuyez? — Oh! à mourir, ma R. Mère. — Êtes-vous découragée? — Non, ma Mère — Eh bien! alors marchez... » Depuis, la postulante, devenue religieuse, avoue que ce mot énergique lui fit plus de bien qu'une compassion mal entendue.

Que d'autres doivent à la R. Mère Got le bonheur d'être aujourd'hui les épouses de Jésus crucifié!

« Je me trouvais, écrit l'une d'elles, dans une indécision complète sur ma vocation, indécision occasionnée par une affaire sérieuse, au sujet d'un des plus chers membres de ma famille. Après avoir lutté un certain temps, je m'en ouvris à notre R. Mère qui m'écouta, mais n'eut pas l'air d'y attacher grande importance; elle me dit seulement de bien prier et me secoua un peu. Quelle fut ma surprise, au bout de quelques jours, de savoir l'affaire terminée! Je compris alors seulement combien cette bonne Mère avait pris à cœur ce qui m'inquiétait et quelle peine elle avait dû prendre pour arriver en si peu de temps à un tel résultat. Toute joyeuse et reconnaissante, je lui dis :

« Oh! ma Mère, je vous savais bien bonne,
« mais je ne croyais pas que vous fussiez
« bonne à ce point-là... » Elle rit beaucoup
de ma naïveté, puis, comme toujours, elle
arrêta les remerciements qui débordaient
de mon cœur, et par un ou deux mots,
chercha à me faire comprendre que tout
secours vient de Dieu. Elle avait ainsi le
talent de couper court à toute expression de
gratitude à son égard. »

« C'est à notre R. Mère Got que je dois la
persévérance dans ma vocation, écrit une
autre. J'avais beaucoup de difficultés pendant mon noviciat; plus d'une fois, je fus
sur le point de le quitter; mais elle savait
si bien me prendre, qu'un mot d'elle suffisait pour éloigner la tentation. J'avais des
moments d'ennui indéfinissable; je me déso-
lais en pensant que j'allais rester toujours
dans cet état; notre bien aimée Révérende
Mère savait encore me consoler en m'assurant que cela se passerait; en effet, le jour

de ma profession, je fus délivrée de cet ennui. Je ressentais un grand dégoût pour les gros ouvrages auxquels je n'étais pas habituée, surtout pour la cuisine et la buanderie. Novice, j'étais allée trouver la R. Mère pour lui dire que je ne pouvais rester à cause de ces deux emplois. Avec ce bon sourire et ce regard que j'aimais tant, elle me répondit : « Qui vous dit que vous serez « jamais cuisinière ou buandière? Vous ne « savez pas si le bon Dieu demande cela de « vous… Allez bien tranquille et persévérez « dans votre vocation. » A dater de ce moment, je n'ai plus jamais été tourmentée par cette crainte et depuis vingt-deux ans, je n'ai pas encore été envoyée à la cuisine ni à la buanderie, pas même pour aider, et cependant, je suis passée par tous les autres emplois. De plus, je suis arrivée à faire sans répugnance les ouvrages qui me coûtaient tant.

« Lorsqu'il s'agissait de l'esprit religieux,

la R. Mère était moins indulgente. Une fois, elle était venue faire sa visite dans une maison où je me trouvais. Comme ma conduite ne l'avait pas satisfaite et que je n'étais pas en meilleures dispositions au moment de son départ, elle refusa de m'embrasser; j'en eus tant de chagrin, surtout en pensant que je l'avais contristée, que je lui écrivis aussitôt pour lui en demander pardon et lui promettre d'être plus raisonnable. Elle me répondit de suite : *Il m'en a coûté plus qu'à vous, ma chère enfant, de vous faire de la peine; mais j'ai agi ainsi pour vous aider à reconnaître vos torts,* puis elle me donnait de précieux conseils et des encouragements; elle savait si bien me rendre la confiance et la paix! »

« Notre R. Mère m'a toujours témoigné tant de bonté, dit une de nos sœurs, que volontiers je me contenterais de dire qu'elle était bonne. Pendant mon noviciat, je regardais comme un jour de fête celui où elle me

disait d'aller la voir. Elle savait compatir
à toutes les peines et ne craignait pas de
me venir en aide dans mon emploi. On
venait de me mettre à la cuisine : elle me
trouve fort embarrassée pour faire cuire des
grenouilles. « Attendez; je vais vous montrer
« comment ça s'arrange, » et elle fit tout ce
qu'il fallait devant moi. Quand elle avait
parlé, il semblait que le corps et l'âme pre-
naient une vie nouvelle. »

La Mère générale savait qu'une jeune
fille de la Lorraine désirait entrer à la Croix.
Arrivée à Bar, elle lui écrit de venir la
voir. « J'avais hésité, dit cette personne;
je vins quelques instants avant son départ;
elle ne me dit que ces mots : *Le bon
Dieu vous a bien aidée en vous donnant
l'énergie de venir seule. Qui sait, mon enfant, si vous serez aussi forte quand il
s'agira de revenir?...* Son regard, ses paroles
firent sur moi une impression si vive que je
ne retournai pas. Elle me fit l'effet d'une

personne craignant pour moi le combat et la défaite... Plus tard, elle se montra toujours aussi bonne. Un jour elle me dit : « *Pourquoi donc ne pas venir déverser dans le cœur de votre Mère le trop plein du vôtre? Je sens que vous étouffez et vous ne me le dites pas! Je souffre avec vous!...*

« Une autre fois, elle me rencontre : *Hier, vous n'aviez pas une belle figure; venez me dire pourquoi...* Avant de m'envoyer en Angleterre, elle cherchait une occasion pour m'annoncer mon changement; elle me voit faire une bêtise, en profite : « *Prenez garde! si vous n'êtes pas plus raisonnable, je vous envoie en Angleterre...* — Ça m'est égal!... » Elle m'avoua depuis que mon *ça m'est égal!* lui avait rendu service, à cause de ma famille... Plus tard, elle se sentit irrésistiblement poussée à me faire revenir. Peu de mois après, mon père tombait malade et mourait! Étant à Bar, je me trouvais près de ma famille. »

Bien des personnes disent : « Pour savoir combien était délicate et bonne la R. Mère jusque dans les moindres détails, il faut avoir voyagé avec elle! »

Pour adoucir à ses Filles la séparation et leur faire illusion sur la distance, elle avait imaginé, lors de la fondation à Bar-le-Duc, de leur dire qu'*elles allaient au bout du corridor...* En 1871, elle s'y rendait avec une novice; le voyage était difficile, les ennemis étant maîtres de toutes les voies ferrées. A cinq heures du matin, les voyageuses montent dans une voiture publique, encombrée de toutes sortes de personnes. On se serre; la novice allait forcément se trouver à côté d'un homme qui lui inspirait une certaine frayeur; elle hésite un instant... La R. Mère profite de cette seconde, se glisse et dit à sa compagne : « Mettez-vous près de la portière; vous avez plus besoin d'air que moi. » A quatre heures du soir, les voyageuses se décidèrent à faire un petit repas. Il n'y avait qu'un verre dans leur sac. « Je vais dire que je n'ai pas soif, pensait la novice... » Elle n'en eut pas le temps : déjà la R. Mère lui portait le verre aux lèvres en disant : « Il est trop petit pour moi; voici qui m'ira » et elle but dans un couvercle de boîte en fer-blanc!...

Étudions encore la bonté d'âme de la R. Mère générale dans la narration d'une de ses religieuses :

« A la fin de mon noviciat, ma santé laissait beaucoup à désirer : on pensait à m'envoyer respirer l'air natal. Le Docteur assurait que ma poitrine ne résisterait pas aux fatigues de l'enseignement. La R. Mère en fit venir un autre qui fut d'avis contraire.

« Vous voyez bien, dis-je à la maîtresse des novices, qu'on ne veut pas de moi : en un jour, on me fait voir à deux médecins. — Au contraire, c'est parce que le premier est contre votre admission, mais le second est pour... « Je pleurais et je priais aux pieds de N.-D. du Sacré-Cœur; notre R. Mère passe et me dit avec un bon sourire : *Chassons ces appréhensions qui nous font plus de mal que notre mal... Est-ce que M. Gobaille laisserait ainsi partir sa postulante?*

« Ces derniers mots demandent une explication. En apprenant, le Samedi saint, la mort du bon archiprêtre, notre R. Mère et Mère Pinon lui demandèrent de leur montrer qu'il était au ciel, en leur envoyant le lendemain, une demande d'entrée au noviciat. La mienne arriva en effet le jour de Pâques; elle avait été précédée de circonstances assez singulières. Pour faire plaisir à une amie, je me décidai à consulter sur ma vocation un R. Père qui avait prêché le jubilé. Sans raison aucune, j'éprouvais pour ce religieux une répulsion extraordinaire. Je lui exposai mon désir d'être religieuse; il me proposa le Carmel, le Sacré-Cœur, la Sainte

Union. Rien ne me convenait, il me fit promettre de revenir le lendemain; je ne m'en souciais pas du tout, mais comme il avait oublié de me donner ma pénitence, force me fut d'y retourner. A peine avait-il ouvert précipitamment, qu'il me dit : « *J'ai votre affaire; c'est à la Croix que Dieu vous attend...* » A ce mot *la Croix*, toutes mes incertitudes s'évanouirent... le calme, l'allégresse remplirent mon âme. Après avoir assisté à la sainte messe et y avoir communié, j'écrivis ma lettre à notre R. Mère qui la reçut ainsi le jour de Pâques!... Voilà ce qui explique pourquoi l'on m'appelait la *postulante de M. Gobaille...*

« Le premier vendredi d'octobre, notre bien aimée Mère vint, aussitôt la sortie de la classe, *attendre* mon retour au noviciat. Posant ses mains sur mes épaules, elle me dit : *J'ai hâte de vous apprendre la bonne nouvelle; vous êtes admise à la profession...* et, comme pour toute réponse, je pleurais, elle ajouta après m'avoir embrassée et bénie : *Allez maintenant vous jeter tout entière dans le Cœur de Jésus exposé sur l'autel.* Ce qui prouve combien cette excellente Mère avait eu hâte de mettre un terme à ma douloureuse perplexité, c'est que ma compagne ne sut son admission que plusieurs jours après. Le matin de la cérémonie : *Je viens,* me dit-elle, *vous bénir et vous embrasser pour la maman.* Il est facile de supposer quel amour, quelle reconnaissance m'avaient inspirés de telles délicatesses ! Aussi craignant que je ne m'attachasse trop à elle, elle commença à me rudoyer ; mais devant ma mère et ma sœur, elle retrouvait toute sa tendresse et que de fois encore, elle me la prouva ! »

« Quel cœur, quelle délicatesse, quel dévouement sincère, sous une apparence froide, parfois rude, s'écrie une autre de ses Filles ! Quelle discrétion, quelle charité pour pallier les fautes ! jamais la moindre allusion à ce qu'on lui avait confié. Elle ne pouvait souffrir que l'on restât tourmentée; si de trop nombreuses occupations l'avaient absorbée dans le jour, elle donnait rendez-vous pour le soir, et l'entretien se prolongeait quelquefois bien tard ! »

Une religieuse lui confiait des peines intimes, bien profondes. *Moi aussi, j'ai des peines,* lui dit sa Supérieure; *je les dépose aux pieds de mon crucifix, là est ma force!*

La R. Mère Got avait, en matière de piété, de dévotion, des idées larges, élevées. Lorsqu'elle traçait un plan de vie à une jeune fille du monde, il était de nature à la maintenir dans le devoir, tout en ne comportant guère que les grandes lignes. Elle avait écrit au bas de l'un d'eux : *Tout passe; le remords seul reste toujours!...*

Beaucoup de personnes ont remarqué la crainte qu'avait la Mère générale que ses Filles ne s'attachassent à sa personne d'une manière trop naturelle; toutes attribuent à ce soin de laisser les cœurs à Dieu avant tout, les paroles, les manières qui semblaient devoir les fermer à toujours pour elle. Quand elle avait atteint son but du *sursum corda*, comme elle savait ensuite adoucir la blessure qu'elle s'était cru obligée de faire! Un sourire, une attention délicate, un petit service demandé, faisait deviner le noble motif qui l'avait fait agir. Ou bien s'était-elle laissé surprendre par un moment de vivacité, comme elle s'ingéniait pour témoigner son regret et faire oublier la peine qu'elle avait pu causer!

D'autres fois, des raisons d'un ordre tout à fait surnaturel, la guidaient dans sa manière d'être avec certaines personnes. On remarquait qu'elle leur parlait avec plus de sévérité qu'à d'autres. Une religieuse crut devoir lui en faire l'observation : « *Je ne puis faire autrement,* lui répondit la R. Mère; *ma conscience m'y pousse... Je sens que*

c'est une âme appelée à une haute perfec-
tion; il faut que je lui parle comme cela.
On osa ajouter : « Mais, ma Mère, vous
vous montrez si condescendante pour une
telle... » — Ah! c'est que pour la concorde,
pour la paix, il faut souvent céder... » On le
voit : toujours un motif surnaturel animait
cette âme dont un saint religieux a pu dire :
« *La Révérende Mère, malgré toutes ses*
occupations, ne perd pas cinq minutes le
souvenir de la présence de Dieu!... »

Dès le début de sa vie religieuse, la Mère
Got avait laissé deviner son énergie et sa
tendresse pour les personnes souffrantes.
Une religieuse, menacée d'une paralysie
complète, ne pouvait y échapper, au dire
du docteur, que si une personne courageuse
se dévouait à lui faire faire de l'exercice,
malgré les souffrances qui devaient en résulter. On pensa tout de suite à la Mère
Got pour cette charge difficile. Il lui en coûtait beaucoup de faire agir une personne

qui en souffrait tant ; plusieurs fois même, elle reçut à ce sujet des observations désagréables ; elle persista néanmoins et parvint à rétablir la santé de cette religieuse qui, depuis, a rendu de grands services.

Que de fois elle remplit auprès de ses Filles le rôle d'infirmière ! L'une d'elles s'était foulé le pied ; la R. Mère le massa elle-même pendant une demi-heure, le banda et le soigna si bien qu'il fut guéri en fort peu de temps. Une autre fois, la même se donna un fort coup à la tête ; la Mère générale s'y prit de telle sorte qu'elle lui procura et lui fit accepter mille soulagements ; le mal n'eut pas de suites graves.

Toujours active, toujours courageuse, elle ne comprenait guère les plaintes que l'on faisait de son emploi : « Voulez-vous le mien, disait-elle alors ? je vous le céderai tout de suite. »

Volontairement un peu sourde aux plaintes de la nature ou de l'amour-propre, elle se montrait mère pour accueillir une âme tentée, découragée, souffrante; elle savait la relever, la réconforter, la consoler, dût-elle prendre sur ses nuits. Quelque fatiguée qu'elle fût, l'heure avancée ne la pressait pas de finir, si elle sentait qu'il y avait encore quelque bien à faire, quelque baume à appliquer.

Un soir l'infirmière la sachant plus souffrante que de coutume, lui avait apporté un verre de sirop reconstituant; elle l'accepta, mais pour le faire prendre à une religieuse, qui avait passé, ce jour-là, de pénibles moments.

Il était facile et doux à ses Filles de lui communiquer leurs peines; elles connaissaient son cœur, la droiture de son jugement, la pureté de ses intentions; elles comptaient à bon droit sur cette discrétion inviolable qui les mettait en toute sécurité sur ce qu'elles lui confiaient; elles savaient que lors même qu'elles lui avaient révélé peut-être bien des misères, elles n'en pouvaient pas moins croire à sa bonté, à sa charité, au soin scrupuleux de sauvegarder leur réputation en toutes rencontres et auprès de tous.

Jamais elle ne se laissait influencer par les rapports et si parfois, elle reconnaissait qu'elle avait réprimandé trop vertement pour des torts qu'on lui avait exagérés, elle ne craignait pas de revenir sur les faits avec la coupable, de la consoler en l'encourageant. Pour éviter tout conflit, elle exigeait que chacune s'adressât, pour telle ou telle chose, à la personne que cela regardait, ce qui ne l'empêchait pas de s'en occuper après, en sous-œuvre. Son coup d'œil si perspicace et si sage s'étendait à tout, apercevait même la moindre altération des traits du visage, elle vous arrêtait alors disant : « Allez demander du quinquina à l'infirmière... » ou bien : « Vous aurez soin de vous coucher plus tôt et de vous lever plus tard pendant quelques jours. »

Nous avons déjà montré ce que fut la R. Mère au milieu des enfants, auprès des orphelins surtout ; il nous reste à embellir cette esquisse par quelques touches particulières.

L'une de ses élèves écrit : » Chacune pouvait se croire privilégiée. Levée à quatre heures et demie, notre chère maîtresse nous arrivait quelquefois bien fatiguée ; on aurait pu supposer qu'elle se reposait au milieu de nous ; la classe nous paraissait toujours trop courte. »

Elle cherchait à exciter au bien, tout en instruisant. Pendant le carême, elle faisait faire à ses élèves de petits cahiers sur lesquels se trouvaient les jours de la semaine, tantôt avec une vertu à pratiquer, tantôt un défaut à corriger. Chaque dimanche, la zélée Mère relevait le nombre de victoires ou de défaites et, de sa propre main, écrivait un stimulant, aussi bien reçu qu'il avait été ardemment désiré.

Ses chères petites orphelines étaient plus

spécialement suivies encore, aussi bien que les enfants déshéritées de la fortune qu'elle faisait élever dans nos pensionnats. Qui pourra dire ses attentions, sa sollicitude de tous les jours pour elles ! Les plus petits détails de leur conduite, de leurs succès ou de leurs négligences dans le travail, dans le soin à se former à l'esprit d'ordre, d'économie, lui étaient connus. S'il y avait lieu de réprimander, en mère sage et prudente, elle ne manquait pas de le faire ; mais qu'elle était heureuse si c'était un compliment qu'elle devait !

Qui n'a remarqué son attendrissement, ses paroles touchantes à ces enfants la veille de leur première communion, dans quelque circonstance solennelle et surtout lorsqu'était arrivé le moment de quitter le pensionnat ! Comme elle les suivait alors plus que jamais ! Sa tendresse leur trouvait un asile, une carrière. Combien de jeunes filles, de personnes du monde lui doivent leur position ! On ne le saura jamais au juste ; si peu, même parmi ses religieuses, étaient initiées à ses projets, à ses plans charitables ; elle voilait si soigneusement le bien qu'elle faisait !

Mais la reconnaissance se fait jour à travers ces ténèbres de la modestie ; chez plusieurs, elle a parlé bien haut. Une pauvre enfant restée orpheline dans sa quatorzième année, sans aucun secours, ne savait que devenir. La R. Mère la reçoit, la conduit comme pas à pas, pleure avec elle dans ses moments de tristesse aux pieds de la sainte Vierge, la console, l'encourage par de petits billets qu'elle prend le temps de lui écrire, gagne son cœur, sa confiance et a la consolation de la voir se consacrer toute à Dieu.

S'il en fut ainsi pour plusieurs autres, qu'on ne s'imagine pas que la R. Mère les y poussait. Jamais personne, plus qu'elle peut-être, ne se montra réservé sur cette question délicate de l'avenir d'une âme. Elle laissait et voulait qu'on laissât parler Dieu seul de ces choses. Rien d'humain ne devait intervenir.

Une jeune fille fort riche, après bien des instances restées infructueuses, vint se jeter un jour dans ses bras. « Ma Mère, je vous en prie, recevez-moi ! » — « Non, mon enfant, vous n'avez pas la vocation ; vous êtes appelée à faire du bien dans le monde... »

Autant la Mère générale se montrait discrète et d'un tact exquis pour se rendre compte des dispositions d'une prétendante, de celles de la famille, de la position de chacune, autant elle était bonne et facile quand une fois la volonté de Dieu lui paraissait clairement manifestée. Elle faisait tout alors pour assurer le choix divin et la correspondance de l'âme qui en était l'objet. Sa première recommandation était de ne pas ébruiter trop tôt la chose, surtout lorsqu'elle pressentait quelque obstacle du côté de la famille. « Les choses éventées ne valent rien, répétait-elle souvent à ce sujet ; » l'avenir lui donna plus d'une fois raison.

Revenons avec elle auprès d'une petite enfant restée sans mère, douée de dispositions extraordinaires pour la musique ; à force de démarches, on avait pu obtenir pour elle une place au Conservatoire ; pendant deux années, elle y reçut des leçons. Après la mort de sa mère, l'enfant devait rester chez un oncle, incapable de remplacer celle qu'elle avait perdue. La R. Mère écrivit aussitôt à ce Monsieur : « Envoyez-moi votre nièce ; je la prends, je m'en charge. » Elle la garda jusqu'à ce que la jeune fille eût atteint dix-neuf ans. Comme la plus tendre des Mères, l'excellente Supérieure mit tout en œuvre pour procurer à sa fille adoptive, non seulement tout ce qui lui était nécessaire, mais elle la suivit de près pour ses études, dans sa formation à l'ordre, à l'économie, ne négligea rien pour lui faire donner des leçons de piano par les meilleurs professeurs et lui assurer un avenir convenable.

Au moment de la première Communion de

l'heureuse enfant, elle voulut lui préparer tout, absolument tout, par elle-même : robe, voile, bourse blanche, chapelet monté, tout était fait de la main de la mère d'adoption ; sa délicatesse avait placé, dans la petite bourse, des pièces d'argent pour l'offrande, pour les quêtes ; le tout à faire rêver à l'enfant qu'elle aussi avait une mère comme ses compagnes.

Chaque année, n'avait-elle pas ses petits cadeaux, ses étrennes ? Une fois, c'était une boîte de bonbons, parsemées de pièces de cinquante centimes ; un autre jour, une jolie surprise bien désirée.

Mais voici qu'une année, l'enfant n'avait pas été sage depuis octobre... Janvier vient de s'ouvrir ; elle est appelée par la bonne Supérieure : « Mon enfant, vous avez besoin d'un manteau, le voici ; ce seront toutes vos étrennes ; vous n'en avez pas mérité d'autres... » Le cœur de la mère saignait, mais il tint bon. La leçon profita ; à la fin de janvier la jeune adolescente apportait à sa mère son premier *Bene*; elle reçut en échange une chaînette d'argent avec médaillon. Qui fut la plus heureuse?

Les années s'écoulaient; la jeune fille comptait dix-sept ans, elle obtint son brevet simple, et au moment de la guerre, son diplôme supérieur. Il fallait songer à l'avenir, peut-être même à une séparation. Un moment, la Mère générale pensa envoyer sa chère enfant en Angleterre pour s'y fortifier sur la langue, en même temps que pour y donner des leçons. Ce projet ne souriait pas du tout à la jeune fille, peu désireuse de s'expatrier. La R. Mère la soumit à l'examen d'un professeur de musique éminent qui, après de sérieuses et difficiles épreuves, dit sans hésiter : « Mademoiselle, vous avez un véritable talent; vous pouvez aller donner des leçons à Paris, à vingt francs le cachet. » Forte de cette appréciation, la R. Mère trouva bientôt quatre élèves à sa protégée, qui, l'année suivante, en comptait vingt-quatre!

A sa sortie de pension, la jeune fille était en possession d'une montre en argent. Elle avait dit à une personne : « Pour compléter mon bonheur, il me faudrait une petite chaîne d'acier bruni, comme on en porte à présent. » Elle n'était pas de huit jours chez sa grand'mère que le cœur qui battait pour elle à l'ombre de la Croix, lui avait envoyé la chaîne désirée!

Mlle *** eut bientôt à choisir entre un parti très avantageux sous le rapport de la fortune et un autre qui, en se rapprochant davantage de sa position et de ses goûts, lui offrait de plus sûres garanties de bonheur. Elle préféra ce dernier et fut approuvée par toutes les personnes sensées qu'elle consulta. Est-il besoin de dire ce que fut la R. Mère dans cette circonstance, les sages conseils qu'elle donna, les démarches qu'elle fit pour assurer, autant que possible, à cette union le bonheur désirable. A mesure

que le moment approchait, elle pressait sa
fille de questions pour savoir quelle couleur
elle avait choisie pour sa chambre à coucher.
Ses instances sur ce point minime parais-
saient un peu étrange à la jeune fiancée ;
elle en eut bientôt l'explication : « Ma chambre sera rouge, dit-elle dans une de ses visites. » Quelques jours après, sa mère adoptive lui envoyait un beau Christ sur peluche
rouge.

Avant le mariage, elle lui ménagea une
dernière surprise en l'emmenant à Soissons.
Ces attentions délicates, cette sollicitude maternelle ne cessèrent pour sa chère enfant,
comme pour bien d'autres, que le jour où
la maladie vint troubler l'intelligence, sans
pouvoir étouffer les sentiments du cœur.

Si la Mère générale se montrait si bonne
pour les élèves, pour les personnes du
dehors, qu'était-elle pour sa famille religieuse ? Nous l'avons déjà vu ; rien n'achè-
vera de la peindre comme ses propres

paroles et quelques fragments de lettres malheureusement en petit nombre; la plupart, trop intimes, n'ont pas été livrés ou sont détruits.

« Qu'importe que vous soyez venue à la Croix en zigzags, disait-elle à une personne qui avait essayé dans un autre couvent, pourvu que vous arriviez là où le bon Dieu vous veut? »

« Ayez un cœur d'artichaut, recommandait-elle à une nouvelle postulante; une feuille pour tout le monde; le fond, le meilleur pour le bon Dieu. »

Une religieuse se tourmentait d'avoir été frustrée de sa part d'héritage. « Ne vous affligez pas de cela, lui écrivit la Mère générale; nous n'avons besoin que de personnes dévouées, ayant une bonne vocation; c'est suffisant pour nous, croyez-le; d'ailleurs le bon Dieu nous rend bien ce que nous faisons pour Lui. »

A l'une de ses Filles qui craignait que sa

correspondance avec sa famille ou ses amis ne fût trop fréquente, elle répondait : « Écrivez ; il faut leur faire voir que nous n'avons pas des cœurs de rocher ; que nous aimons nos parents, nos amis ; que nous leur voulons tout le bien désirable. »

« Oui, votre position est délicate, écrivait-elle encore ; c'est vrai, il y a souffrance, mais il y a mérite aussi, ne l'oubliez pas. Pour le bon Dieu qui vous a douée d'une grande force d'âme, vous pouvez soutenir cette épreuve. Allons, bon courage ! la couronne est en haut du Calvaire... »

Ou bien encore : « Vous êtes au devoir, je le sais ; ne vous troublez pas de ce qu'on peut dire. La perfection complète n'est pas en ce monde : les meilleures d'entre nous font quelquefois souffrir ; c'est ainsi que nous acquérons la patience. Ne vous faites pas de peine ; j'ai souvent remarqué que les personnes qui ont fait ou font semblables fautes, sont les plus sévères. »

« J'estime votre famille, disait-elle à une autre ; parce que tous les membres qui la composent s'aiment sincèrement et sont bien unis. »

A une troisième, elle écrit : « Courage et confiance ! Jamais n'écoutez le découragement ; c'est une bête qu'il faut fuir au galop... »

Et dans une autre circonstance : « Oh ! je vous en prie, ma chère enfant, ne vous prêtez pas à servir de déchargeoir, car vous n'êtes pas assez forte pour ne pas en éprouver du dommage. Veillez et montrez-vous toujours animée du bon esprit religieux qui rend forte et généreuse pour travailler à sa perfection. Soyez bien prudente ; je vous reste unie. »

« Depuis que vous nous avez quittées, ma pauvre enfant, écrit-elle à l'une de ses Religieuses fort triste de s'être éloignée de la Maison mère, même par obéissance, ma pensée vous suit à chaque instant, sans pouvoir trouver le temps de vous écrire. Ces dernières semaines ont été tuantes pour moi; je craignais vraiment d'y laisser ma tête et mes jambes; c'est toujours la même chose quand il faut mettre chacune en place, mais rarement j'ai eu autant de mal, de fatigue, de tristesse, *car celle que je cause aux autres est un gros poids sur mon cœur.* Vous connaissez ce meuble; le mien n'est pas cuirassé... Surtout promenez-vous; allez progressivement, mais tâchez de sortir un peu toutes les fois qu'il fera bon; cela vous aidera à être plus forte, ayez du courage; conservez votre gaieté, donnez-en un peu à celles qui en manquent : animez du bon esprit la petite maison que vous trouvez bien petite, mais qui doit être un foyer où la charité embrase tous les cœurs et fait germer les vertus du Cœur de Jésus. Courage et confiance! soyez toujours généreuse. Celle qui n'a jamais varié dans ses sentiments, qui n'a jamais voulu que votre bien et que vous avez su reconnaître être toujours

« Votre mère affectionnée,

« C. Got. »

A la même :

« Le froid est aussi intense ici que chez vous ; il faut penser aux précautions que vous devez prendre, si vous ne voulez pas payer un supplément d'impôts à la fièvre et à son vilain cortège. Évitez les courants d'air froid ; faites pour votre petite personne, ce que vous feriez pour les plus délicates enfants que vous auriez à soigner.

« Bon courage, ma bonne Mère, soyez toujours généreuse et humble et vous aurez toujours la paix. Je vous reste unie de cœur. »

La mère la plus tendre, la plus préoccupée du bien de l'âme et du corps de sa fille, lui écrirait-elle autrement.

Lisons maintenant ses consolations à ses filles douloureusement éprouvées par la perte de personnes chères.

« C'est en route, ma pauvre enfant, que je viens vous dire toute la part que je prends à votre douleur et particulièrement à celle de votre sœur chérie. Veuillez le lui dire ; je prie pour cette jeune mère qui a du chagrin de placer un petit ange au paradis. J'espère que le bon Dieu lui fera sentir au cœur la consolation de savoir qu'elle a au ciel une protectrice de plus. Quant à vous, mon enfant, la foi vous a élevée, j'en suis sûre, au-dessus des tristesses de la terre, pour ne voir que le côté consolant de la joie de votre petite voleuse de paradis. Courage et confiance ! notre vie est un tissu d'épreuves qui rendent l'étoffe solide, pour tapisser le ciel où nous n'aurons plus qu'à jouir... A l'occasion, mon souvenir à votre chère maman qui doit souffrir de la peine de sa fille. »

« C'est avec la plus vive douleur, ma chère enfant, que toutes nous avons appris la promptitude avec laquelle notre divin

Maître a appelé votre bon père; nous ressentons vivement la peine que votre cœur doit éprouver et, en priant pour votre cher défunt, nous n'oublions pas de demander la résignation et la douce espérance pour ceux qui lui survivent. Nous n'avons pas de détails et cette absence de nouvelles détaillées, jointe à la spontanéité du dernier moment, nous fait craindre que vous ne trouviez pas toutes les assurances que vous auriez désirées; mais ne perdez pas confiance, mon enfant; est-ce que N.-S. aurait pu être sourd à toutes les prières qui lui ont été adressées pour obtenir à votre bon père la grâce suprême? non certainement et si, pour des desseins que nous ne connaissons pas, il avait pu être surpris avant d'avoir reçu les sacrements, ayez la confiance de croire que notre divin Sauveur y aura suppléé. Prions donc toutes d'un commun accord, afin que si la satisfaction n'a pu être complète, nous puissions au moins lui aider à obtenir une place dans le lieu où les bonnes actions reçoivent leur récompense. Toute la communauté prie depuis longtemps à vos intentions. Si l'on a dit à sainte Monique que le fils de tant de prières ne pouvait rester infidèle, ne pourrait-on pas faire la même application en disant que le père pour qui l'on a tant prié et qui a acquiescé au sacrifice de sa fille, n'en serait pas récompensé? c'est impossible. Courage donc et confiance, ma pauvre enfant, restons en union de prières, en adorant la main qui frappe et console, toujours pour le plus grand bien des siens. Je reste toute vôtre au pied de la Croix. »

Une autre fois, elle écrit :

« Quelle nouvelle nous arrive, ma bonne Mère! Votre chère maman est allée recevoir la récompense de toutes ses douleurs et des vertus qu'elle a si longtemps et si bien pratiquées. Votre cœur doit être brisé, mais un regard en Haut vous redira la miséricordieuse bonté du Seigneur et vous laissera la consolation d'espérer la prompte admission de votre bonne mère dans la gloire. Nos prières s'uniront pour l'obtenir et, j'en ai la confiance, elle jouira bientôt du bonheur que l'on goûte auprès de Dieu. Je comprends que vous avez dû être comme foudroyée, mais un regard sur N.-S. et sa sainte Mère, doit apporter le calme dans votre âme.

Nos prières diront à N.-S. tout ce que l'affection réclame pour votre chère défunte. Je vous reste unie de cœur au pied de la Croix. »

A la même : « Je ne me doutais guère, ma pauvre enfant, en voyant votre cher frère il y a huit jours, qu'il serait sitôt enlevé à l'affection des siens. Le divin Maître a vraiment des desseins particuliers de bonté et de sainteté sur les vôtres, puisqu'il multiplie les épreuves, lesquelles sont ordinairement le sceau dont il marque ses amis du cœur.

Les coups sont durs... quelquefois, nous serions tentés de croire qu'ils surpassent nos forces; mais non, le bon Maître sait de quoi nous sommes capables. Pour ce soir, je ne vous en dirai pas davantage; mais N.-S. entendra ma prière en union avec la vôtre. »

Ce qu'elle se montrait dans ses lettres à ses religieuses au moment de leurs grands deuils, la Mère générale l'était aussi dans leurs peines ou dans leurs soucis de famille.

« A la mort de ma mère arrivée pendant mon noviciat, écrit l'une d'elles, notre bonne Révérende Mère prit tous les ménagements possibles pour m'annoncer cette triste nouvelle. Puis elle fit venir une personne qui s'intéressait à ma famille pour voir avec elle ce qu'on pourrait faire, afin de placer mes frères, jeunes encore. Cette personne vint plusieurs fois, entre autres la veille de la grande distribution des prix, resta une heure entière pour finir de tout arranger. A voir le calme de N. R. Mère, l'intérêt si vif qu'elle prenait à ma famille, on eût pu croire qu'elle n'avait pas autre chose à faire. »

« J'avais une sœur, dit une autre, qui n'était pas contente de mon entrée en religion. Chargée d'un mari infirme et d'une nombreuse famille, elle se voyait privée de l'aide que j'aurais pu lui apporter. Plus d'une fois, N. R. Mère me permit de lui envoyer quelque chose de ce qui me revenait de ma petite part. »

« Mon frère, écrit une bonne sœur coadjutrice, venait de décéder subitement de la rupture d'un anévrisme; la peine était d'autant plus cruelle qu'il laissait une veuve infirme et trois enfants en bas âge. N. R. Mère ne pouvait parvenir à me consoler. Un jour elle me fit venir dans sa chambre. « Il faut que ce chagrin cesse, me dit-elle, et après quelques bonnes paroles fermes, imprégnées d'esprit de foi, elle me laissa toute changée et calmée. Pendant quatre ans, elle se chargea des frais d'éducation de l'aînée des filles, chez des religieuses... »

Écoutons à présent quelques-unes de ses exhortations à ses Filles.

« Vous allez vous disperser dans nos maisons; gardez-y les lois de la plus stricte charité; il n'est pas du tout nécessaire d'y faire connaître ce que vous auriez pu remarquer de défectueux dans celle-ci ou dans celle-là. Évitez les comparaisons blessantes pour les maisons où vous serez; mais tâchez de vous conformer vous-mêmes le plus possible à ce qui se fait dans la Maison mère. »

A de jeunes probanistes qui commençaient leur second noviciat, elle disait : « Vous devez y entrer tout entières, y rester seules avec Dieu, en sortir toutes changées. Ne vous occupez que de votre perfection, afin de devenir des modèles, des flambeaux, des piliers. Allez toujours en avant, le cœur en haut et droit vers Dieu.

Vous aurez des sacrifices à faire, de gros et de petits... des épreuves... Que serait la vie religieuse sans cela?... Grande obéissance et un peu d'humilité; je dis *un peu,* car si je demandais beaucoup, je n'aurais peut-être rien... »

Causant un jour intimement avec une religieuse sur l'emploi des créatures, elle lui dit : « Passez au travers des créatures comme une jeune fille en toilette de bal, traverserait une place remplie de poussière de charbon; elle marche sur la pointe des pieds, de peur d'endommager ses vêtements; de même, il faut secouer la poussière des créatures, de peur qu'elles ne prennent dans notre cœur la place de Dieu. »

D'autrefois, elle excitait à travailler assidûment à sa perfection, aimant à rappeler la maxime de saint Berchmans : « Tandis qu'on roule une vie imparfaite, le temps s'écoule, les grâces de Dieu se perdent, l'âme s'affaiblit, l'éternité s'avance et l'on arrive au bout de sa carrière qu'on est à peine au commencement du travail de sa perfection. »

Plusieurs personnes ont été frappées du soin qu'elle mettait à faire avancer chacune dans la vertu par une infinité de petits détails, alors qu'elle était si occupée de grandes choses! Mais rien ne lui paraissait petit au service de Dieu. Elle-même, malgré ses nombreuses occupations, était un modèle vivant de régularité, toujours la première aux exercices, dès cinq heures du matin, à moins d'impossibilité absolue. Et cependant, une parole qui lui échappa un jour à une récréation, en réponse à ce qu'on disait au sujet du lever, prouve combien il lui en coûtait parfois : « Souvent, quand je sors de mon lit à cinq heures, je me dis : Ah! quand est-ce que j'y reviendrai! »

Son esprit si profondément religieux, perçait dans toutes ses paroles comme dans tous ses actes. Aussi digne que simple en ses manières, elle se montrait peu soucieuse des petits privilèges honorifiques de sa charge; elle les repoussait même. Impossible de lui faire accepter une chose que les autres n'avaient pas, ne fût-ce qu'une petite marchette sous les pieds. Ennemie de toute distinction, surtout au réfectoire, on avait beau essayer de lui faire prendre quelque chose de plus fortifiant ou de plus léger pour son pauvre estomac malade, elle renvoyait le tout impitoyablement.

Dans une de nos maisons, au déjeuner, une sœur qui vénérait la R. Mère, cherchait ce qu'il pouvait y avoir de mieux; ravie de trouver un bol en porcelaine, elle le lui met sur la plus belle assiette. La R. Mère arrive, s'aperçoit du petit manège fait en sa faveur, se laisse servir, se lève alors pour aller échanger sa tasse contre celle de la dernière sœur coadjutrice.

Un autre jour, au souper, une personne ayant mélangé un peu de pommes de terre avec la salade, appelle la serveuse et lui dit de donner cela à la R. Mère. Celle-ci refuse en disant : « Ma sœur, nous n'avons pas l'habitude de prendre de trois plats. »

On avait servi une fois de la volaille. Elle en fait immédiatement l'observation à la supérieure locale. Celle-ci la rassure en lui disant que c'était un cadeau fait deux jours auparavant et qu'on l'avait attendue pour en profiter. Ainsi en était-il toujours et partout.

Son esprit religieux, son amour pour la pauvreté la tenaient en éveil contre l'apparence d'un écart. Mue par ces sentiments, elle soignait tout ce qui était à son usage, raccommodait, rapiéçait, refusait souvent du neuf et demandait qu'on lui donnât plutôt les vêtements qu'avait laissés une défunte. Aussi la sœur chargée du vestiaire assure ne lui avoir fait *qu'une seule robe neuve* pendant vingt-cinq ans qu'elle fut à la couture. On a compté jusqu'à *trente-huit* pièces qu'elle avait assemblées pour se faire une paire de manches de dessous !

Jamais elle ne voulait qu'on lui rendît un petit service; mais elle-même se plaisait à servir les autres. Si l'on avait épluché quelques légumes, non contente de s'y être mise la première, elle descendait le panier à l'arrière-cuisine et d'un signe éloignait celle qui voulait le lui prendre. Même lorsqu'elle était plus souffrante que de coutume, il était difficile de lui faire accepter quelque soulagement; l'infirmière dit naïvement que si on ne l'avait pas tant aimée, on ne serait pas revenue à la charge.

On devine bien, d'après tout ce qui précède, sa sincère et profonde humilité. Que de fois ne l'a-t-on pas vue souper à la hâte lorsqu'elle avait été retenue et venir prendre ensuite le tablier de la laveuse de vaisselle, lui disant : « Allez à la récréation. » Et il n'y avait rien à objecter : il fallait obéir.

Chaque année, la Saint-Charles était un jour impatiemment attendu par les Religieuses, les enfants, les anciennes élèves de la Croix. Toutes rivalisaient de vœux, de respectueuse affection, de délicates prévenances, de jolis cadeaux. Le soir de la fête surtout était le plus souvent une véritable ovation. La Mère générale subissait les compliments à son adresse, les chants en son honneur; il le fallait bien. Quand elle le pouvait, dans d'autres circonstances, elle savait dire à l'avance aux organisatrices : « Pas un mot de moi, pas une allusion ou je n'irai pas... » Le 4 novembre, il lui fallait tout laisser faire, tout entendre; elle écoutait, mais son humilité prenait bientôt sa revanche; après la soirée, lorsqu'on la cherchait, on la trouvait plus d'une fois à la vaisselle! ou bien, à une heure plus avancée, elle se livrait en secret à des macérations.

Il en était de même pendant l'heure de la méditation du matin, si bien qu'une jeune religieuse, naïve encore, dit un jour à une récréation « : Je ne sais quel bruit on fait le matin pendant le grand silence, on dirait qu'on bat les fauteuils du grand salon. » La R. Mère, présente à l'exclamation, ne dit rien, mais on n'entendit plus le même bruit... Cela nous amène à parler de ses jeûnes qu'elle observa rigoureusement jusqu'à sa soixante-quinzième année ! Comme elle ne voulait pas se rendre aux doléances que ses Filles faisaient à ce sujet, en voyant combien elle souffrait, son assistante en parla un jour devant elle au supérieur ecclésiastique : « Que voulez-vous, ma Mère, eut-il le malheur de répondre ; les supépérieures sont le bouc émissaire de leur communauté... » Depuis ce jour, la Mère générale redoubla de zèle dans ses pénitences.

Qu'on ne croie pas que cette digne Mère, si austère pour elle-même, fût aussi rigide pour les autres. On a vu quels étaient ses soins, sa bonté. Elle avait même une certaine originalité de caractère, une gaieté franche qui la portait facilement à rire et à faire rire les autres; mais sans bruit, sans éclat, voulant qu'on gardât toujours la dignité religieuse.

Qui ne se souvient de ce mot charmant qu'elle disait lorsqu'on élevait trop la voix et que l'animation devenait fatigante pour les Mères âgées : « Tout doux, mes sœurs, tout doux ! » Elle prenait plaisir, de temps à autre, à parler patois, parce qu'elle voyait que cela amusait. Pendant les récréations d'hiver, tant qu'elle le put, elle sortit, bravant la température et habituant ses Filles à courir dans la neige, à marcher sur les chemins glissants. « Couvrez-vous bien, disait-elle, et venez; c'est beaucoup plus salutaire que de rester dans les appartements chauffés. » Elle se mettait alors à la tête de la bande joyeuse et, d'un pas gymnastique, lui faisait arpenter les allées du jardin. Par un hiver rigoureux où la neige amoncelée empêchait toute promenade au dehors, elle imagina de mettre en file celles qui voudraient la suivre et d'aller par salles et par corridors, faire des tours et des détours qui amenaient parfois des rencontres inatten- dues et de francs éclats de rire. L'exercice et la gaieté entretenaient ainsi la santé de chacune.

Dans les premiers temps de sa supério- rité, alors qu'elle avait plus de loisirs, sa joie était d'habiller une demi-douzaine de poupées pour la loterie. Elle ne se conten- tait pas de les vêtir; comme, par esprit de pauvreté, elle ne voulait pas faire de dé- penses, elle réunissait toutes celles que les enfants mettaient au rebut, les raccommo- dait, leur ajustait, à l'une, un bras; à l'autre, une jambe; une tête à une troisième; et après, les enjolivait si bien qu'elles faisaient envie aux grandes comme aux petites élèves. Quand elles visitaient la loterie : « Attendez, disaient-elles; les lots de Madame la Supé- rieure ne sont pas encore arrivés; vous savez que nous aurons maintes surprises. » En

effet, la R. Mère était si adroite, si ingénieuse à tirer parti de tout! Des choses que
beaucoup auraient jetées ou laissées au rebut, se transformaient entre ses mains, d'une
manière étonnante. « Mais comment faites-
vous, lui disait-on un jour, vous ne sortez
pas, vous ne voyez pas le monde et vos
poupées sont toujours à la dernière mode?
— Je vais vous livrer mon secret, répondait-
elle avec un fin sourire. Ordinairement je
ne m'occupe guère des toilettes; mais aux
visites du mois de janvier, je les examine
bien et je vois ce qui manque ou comment
il faut m'y prendre pour les miennes. »

Les ouvriers, les hommes de peine, les
domestiques aimaient à la rencontrer. « Elle
a toujours un bon petit mot à vous dire, une
aimable plaisanterie; ça remonte, ça donne
du cœur à l'ouvrage. »

La R. Mère était contente lorsqu'elle avait
quelque anecdote du genre de celle-ci à raconter à ses Filles, pour les égayer : Un

ancien domestique, un peu trop naïf, était venu le 1er janvier. « Madame la Supérieure, avait-il dit en tournant sa casquette, je vous souhaite une bonne année, une parfaite santé, une heureuse éternité. » — Merci, Pierre, bientôt, n'est-ce pas? — Oh! Madame, le plus tôt possible. » Heureusement le bon Dieu n'écouta pas ce souhait irréfléchi.

Cette rondeur, cette simplicité, la Mère générale l'apportait dans toutes ses relations. Elle disait un jour à une personne de la ville : « Venez si vous avez besoin de moi, venez. Je vous connais... vous me connaissez... pas de visites... nous ne sommes pas du monde... »

On appréciait tellement la sûreté de ses vues, la capacité de son esprit, que beaucoup de personnes, même des messieurs haut placés, venaient la consulter. A ce sujet, on pourrait citer les premiers noms de la ville. Quant aux hommes d'affaires, ils se retiraient stupéfaits : « Elle a un *cœur de femme,*

disaient-ils, *mais elle a une tête d'homme.* »
Et c'est ce même esprit si profond, si apte
à toutes choses, qui se révélait foncièrement
religieux et ne se montrait que pour pratiquer
les vertus qui poussent au pied de la Croix
et les faire embrasser aux autres. C'est ainsi
que pour maintenir ses religieuses dans l'humilité, elle ne permettait pas qu'elles fissent
des solos à la chapelle ; ne souffrait pas qu'on
leur fît un compliment ; elle-même n'en faisait jamais.

Rien ne nous paraît plus propre à compléter l'esquisse morale que nous avons essayé de faire de la R. Mère Got, que de
reproduire ici quelques fragments de ses
lettres à ses communautés ; elles la peignent
d'après nature.

« Mes bonnes Mères et mes chères sœurs,

« Je vous suis très reconnaissante des
vœux et des prières que vous avez bien voulu
adresser pour moi au Seigneur par l'entre-
mise de saint Charles. Plus la misère et les

besoins sont grands, plus la charité compatissante fait de bien ; continuez-moi votre charitable secours en demandant à la même intention les grâces qui font les saints, en même temps que vous solliciterez la fidèle correspondance pour parvenir au degré marqué par Celui qui doit être notre Tout, comme Il sera plus tard notre récompense.

. . . .

« En terminant, laissez moi vous recommander la lecture ou plutôt la méditation fréquente de la lettre de saint Ignace sur l'obéissance ; nous ne nous égarerons point en prenant pour règle de conduite les principes que ce saint fondateur donnait à ses religieux. Considérons toujours dans les personnes établies pour nous conduire, l'autorité de Dieu même qu'elles nous représentent ; c'est le moyen de ne point faillir et d'avancer toujours dans l'esprit de N. S.

« Que ce divin Modèle soit notre étude journalière, nous trouverons dans ses enseignements divins un encouragement dans nos difficultés, un soutien dans nos faiblesses et un stimulant énergique pour nous faire marcher à la suite de notre divin Sauveur, pauvre, humilié et souffrant. C'est, vous le savez, l'esprit de notre Société; sous l'étendard de la Croix, il ne faut pas d'âmes pusillanimes.

« Encourageons-nous donc mutuellement; soutenons-nous par une prière réciproque et sachons nous vaincre pour contribuer à l'entretien de la charité, à l'union des esprits et des cœurs. En agissant ainsi, N. S. nous reconnaîtra pour ses fidèles Épouses; ses bénédictions se répandront avec abondance sur nous et alors notre Société, si petite en la comparant à toutes les Congrégations religieuses de France, produira des fruits de salut auprès des âmes qui nous sont confiées. Ce bonheur, je l'espère, sera notre partage, surtout si vous demandez à l'Auteur de tout don parfait que je ne sois pas un obstacle à ses vues. Je me confie en vos prières, en la miséricorde de Celui qui, m'ayant placée là, ne permettra pas que ma misère nuise à son œuvre.

« Dans cette confiance, j'aime à vous renouveler, mes bonnes Mères et mes chères Sœurs, l'assurance de mon dévouement et de mon affection en N. S. »

Dans une autre lettre, la Mère générale revient sur sa même pensée :

« Demandez surtout avec moi que je ne sois pas un obstacle au bien de vos âmes ni à l'œuvre que nous devons chercher à consolider et à accroître pour la plus grande gloire de Dieu. Puissions-nous produire des fruits abondants pour le Ciel! tout est là pour les religieuses de la Croix.

« J'avais espéré, écrivait-elle après un chapitre général, que nos Mères capitulantes m'auraient laissé finir mes jours dans le calme de l'obéissance et auraient confié le gouvernement de notre chère congrégation à l'une de nos Mères plus capable et plus jeune, pour supporter la fatigue et le travail qui s'augmentent tous les jours. Vous savez qu'il n'en a pas été ainsi et que j'ai dû me courber de nouveau sous la charge que l'on remettait sur mes épaules. Je compte sur vos instantes prières que vous avez intérêt à rendre très ferventes, afin que N. S. me donne tout ce qui peut contribuer à la prospérité de notre Institut, au bien de vos âmes pour les faire avancer sûrement dans la voie du ciel; c'est tout mon désir qui s'accorde avec le vôtre, n'est-il pas vrai? »

On le voit : l'humilité, l'amour de la perfection religieuse, le désir de la voir implantée dans le cœur de chacune de ses Filles, dictaient toutes les lignes de la R. Mère, et tandis qu'elle pensait ainsi de sa personne, d'autres très compétentes disaient : « Oh! que la R. Mère est grande! comme elle sait oublier les torts envers elle! Quatre de nous, et des meilleures, ne la remplaceront pas! » Il lui est arrivé de demander conseil à une jeune novice et même de la prier de lui dire par écrit ce qu'elle avait remarqué de défectueux dans sa manière d'agir.

Avons-nous tout dit? assurément non. Que de choses n'ont eu que Dieu pour témoin! Combien d'autres devons-nous taire! Nous avons laissé parler ses Filles, nous l'avons laissée parler elle-même; après avoir visé à être l'écho fidèle de toutes, il nous faut clore ici ce chapitre, pour assister au déclin d'une vie que l'on aurait voulu plus longue encore!

CHAPITRE XI.

Le chapitre général, contraint d'accepter
la démission de la R. Mère Got, ne voulut
pas priver le Conseil de la nouvelle Supérieure des lumières, des avis sages et expé-
rimentés de celle qui, depuis trente-trois ans,
était à la tête de toute la congrégation. Elle
fut nommée conseillère générale et admonitrice de celle qui lui succédait. Un beau spectacle fit alors l'objet de l'admiration et l'édification de la communauté. D'une part, la
soumission, la dépendance parfaite de la

R. Mère Got, le soin qu'elle avait de renvoyer à qui de droit les témoignages de respect pour l'autorité première ; de l'autre, les égards, les prévenances, les attentions pleines de délicatesse et de respectueuse affection de la nouvelle Mère générale pour celle qu'elle aimait à appeler *son Ange gardien*. C'était un spectacle ravissant qui charmait tous les cœurs. La prudente Mère Got ne voulait plus se mêler de rien, ne donnait son avis que si on le lui demandait et ne cherchait qu'à s'effacer en tout. Ainsi comprenait-elle ses nouveaux devoirs et ainsi les eût-elle accomplis toujours, si le divin Maître n'avait résolu de la soumettre à l'une des plus rudes épreuves qui couronnent quelquefois une vie toute d'immolation et de labeurs.

Il y avait longtemps déjà que la mémoire des choses récentes se perdait ; celle des événements de l'enfance croissait au contraire en raison directe de l'affaiblissement des facultés de la pauvre Mère. Alors le souvenir de son père dont elle n'avait presque jamais parlé pendant sa longue existence, devint tellement vivace qu'elle ne pensait plus guère qu'à lui.

Deux ans s'étaient à peine écoulés depuis la démission de la R. Mère, qu'il fallut la remplacer dans les charges qu'on avait voulu lui laisser.

L'anémie cérébrale faisait de continuels progrès. Quelque incohérentes que fussent les paroles de la chère malade, la vénération qu'avaient toujours pour elle les personnes du monde, les élèves anciennes ou présentes, firent que jamais un rire inconvenant ne se faisait jour; au contraire, tous la plaignaient, répétant : « Elle a tant travaillé! elle a mené la vie de quatre! » Les enfants aimaient toujours à en recevoir un baiser, une petite croix qui leur semblait une bénédiction.

Dès le début de son état maladif, une de nos sœurs coucha dans sa chambre. « Bien « que souffrant beaucoup à certaines heures,

« la R. Mère, toujours oublieuse d'elle-
« même, dit cette bonne sœur, gardait un
« silence presque impassible pour ne pas
« troubler mon sommeil et si je m'avançais
« pour lui rendre quelque service : « Non,
« disait-elle, je ne veux pas; vous êtes fati-
« guée, vous travaillerez encore demain;
« moi, je n'ai qu'à souffrir... »

Voilà qui peint l'oubli d'elle-même, sa
bonté pour les autres qu'on retrouvera encore, jusque dans ses jours de délire. Habituée à une vie active, au dévouement le plus
complet, il lui semblait qu'elle dût toujours
agir; aussi que de fois, même la nuit, elle
voulait se lever, sortir de sa chambre, descendre; elle avait fait cela tant de fois pendant qu'elle était en santé! Il suffisait alors
qu'on fît semblant d'aller trouver la Mère
générale et qu'on lui dît : « Notre R. Mère
a dit de faire ceci, mais pas cela; de ne
vous lever qu'à telle heure. — Puisque
Notre Mère l'a dit, il faut se soumettre, » et

elle se remettait dans son lit. « Bien des fois ajoute sa garde, elle m'envoyait auprès de N. R. Mère, demander ce qu'il fallait qu'elle fît.

Sa profonde humilité lui faisait craindre les jugements de Dieu; lorsque, dans une crise, elle croyait qu'elle allait y rester : *Priez bien pour moi*, disait-elle, *j'ai fait si peu de bien! La justice de Dieu est si grande!* Et comme on lui parlait de la miséricorde et des mérites infinis de N. S. : « Dites-lui tout ce que vous « me dites, » ajoutait-elle; puis, pour remercier sans doute la personne qui l'excitait ainsi à la confiance, elle se laissait aller à des sentiments de tendresse vraiment maternelle, lui adressait des adieux qui faisaient couler les larmes de celles qui l'entendaient.

Des alternatives continuelles de mauvais jours et de jours meilleurs nous avaient conduites au 1er novembre 1896. La veille, l'état de la chère malade parut s'aggraver; le jour de la Toussaint, la vénérée Mère se trouvait si mal qu'on jugea prudent de lui administrer le sacrement de l'Extrême-Onction. Bien qu'elle fût excessivement faible, elle parut s'unir aux prières et comprendre un peu ce qu'on lui suggérait. Nous avions bien peur de la voir partir pour le Ciel avant la Saint-Charles! Le lendemain, la situation s'améliora, les jours suivants, notre Mère bien-aimée revint peu à peu à son état de souffrances ordinaire; ce fut auprès de ce lit de douleurs et de cette belle intelligence si troublée, qu'il nous fallut offrir les vœux, les prières que nous faisions monter avec tant de bonheur vers saint Charles depuis trente-sept ans!

Quatorze mois encore, la vénérée Mère devait languir, souffrir toujours, s'affaiblir de plus en plus, au moral comme au physique. Heureusement, il ne lui venait plus à l'idée de sortir, la pensée de son père, de la triste Catherine, l'avaient abandonnée; il fut plus facile de la retenir dans sa chambre; elle descendait parfois avec grand'peine au jardin; ses pauvres jambes ne pouvaient plus la soutenir, il fallait deux bras pour l'aider à marcher; tout le monde était heureux de lui rendre un petit service, d'avoir encore une bonne parole, un sourire affectueux; parfois, une pensée éminemment religieuse, suave comme les mots d'une aïeule vénérée, d'un cœur tout à Dieu.

D'autres jours, c'était une surexcitation nerveuse qu'on avait peine à calmer; il fallait vite la diriger du côté de sa chambre où elle retrouvait la Mère et la sœur qui, lui consacrant la plus grande partie de leurs journées, se dévouaient si complètement à la soigner, à la distraire, à lui faire prendre ses repas, à prier avec elle. D'après leur propre témoignage, la chère malade était toujours disposée pour la prière; elle récitait le chapelet, souvent le *Salve regina;* on remarquait que lorsqu'on gardait le silence, ses lèvres murmuraient quelque prière ; on l'entendait répéter : « Mon Dieu, ayez pitié de « moi!... Comme vous voudrez!... »

Ces derniers mots révélaient la pensée de prédilection de toute sa vie. Lorsqu'on lui demandait de ses nouvelles : *Ça va comme le bon Dieu veut...* ou bien : *Ça ne va pas, j'ai du mal là* et elle montrait sa tête ! — *Ça ira mieux demain,* lui disait-on, — « *Comme le bon Dieu voudra !* » telle était invariablement sa réponse. Pendant cette douloureuse maladie, elle se montrait toujours elle-même : « Bonjour, ma Mère, ou ma sœur, comment allez-vous? n'êtes-vous pas trop fatiguée? ayez soin de demander ce qu'il vous faut... vous donne-t-on ce dont vous avez besoin?... »

D'autres fois, le spirituel l'occupait : « Soyez bien sage, bien religieuse, bien « fidèle... Vous savez, si vous avez quelque « peine, quelque difficulté, je suis toujours « là... Allons, bon courage. »

Lorsqu'on lui apportait ses petits repas :
« Et vous? vous en donne-t-on? tenez, prenez… Les autres en ont-elles? »

Jamais, non seulement elle ne fit aucune
plainte au sujet de sa nourriture, mais jamais un caprice, ni même une fantaisie de
malade; pendant ces longues années de souffrances, on ne lui entendit pas exprimer un
désir! Quel esprit habituel de mortification
cela ne révèle-t-il pas encore?

Il était évident pour tous que la chère
malade s'affaiblissait de plus en plus; un
état de prostration avait succédé à une agi-
tation fébrile; le médecin appelé ne le trouva
pas de bon augure. Le 26 mars, la vénérée
Mère parut plus mal. Sur le lit de la Croix
où l'avait étendue la volonté de son Seigneur, alors que depuis longtemps tout était
confus autour d'elle, chaos dans sa pensée,
sa foi et son amour vibraient encore. « Vous
souffrez, lui dit-on, baisez la croix, N. S.
vous consolera. » — *Oh! oui, Lui seul*

peut me soulager!... Ce furent ses dernières paroles, legs magnifique qui nous entr'ouvrait le Ciel et nous la montrait à l'avance, la palme des combats victorieux, à la main.

Le lendemain, 27, en moins de deux heures, l'altération notable de sa physionomie, ses yeux fermés, sa bouche muette, un commencement de râle, nous firent perdre tout espoir! Monsieur l'aumônier lui donna l'absolution le matin et, à deux heures de l'après-midi, l'extrême-onction. La mourante vénérée ne pouvait donner signe de vie. Monsieur l'aumônier dit alors : « Si la R. Mère ne peut parler, je crois qu'elle s'unit à nos prières. En tous cas, elle laisse à la communauté de grands exemples de fidélité à la Règle, de dévouement et de bonté pour tous. Il faudrait qu'il y eût beaucoup de religieuses comme elle!.. » Puis, un peu plus tard, entouré de toute la communauté, il récita les prières des agonisants. A cinq heures et demie du soir, en ce dimanche de

la Passion, 27 mars 1898, expirait doucement la très Révérende Mère Got, âgée
de quatre-vingts ans et deux mois, après
soixante ans de vie religieuse! Rien n'avait
manqué pour enrichir de mérites cette existence déjà si belle et si féconde! On aimait à
penser qu'une récompense magnifique, éternelle, attendait cette vraie religieuse de la
Croix et que sa tête, siège de tant de nobles
pensées, de si rudes labeurs et de souffrances
extraordinaires, allait être ceinte d'un diadème impérissable. C'était notre conviction,
notre joie, notre consolation suprême. .

A peine le décès de la R. Mère fut-il connu
à Soissons que Messieurs les vicaires généraux Cardon et Brancourt témoignèrent
de leur sympathie pour nous, de l'admiration
que leur avait toujours inspirée la vénérable
défunte. Tous deux assurèrent qu'ils seraient
là au jour des obsèques.

De la famille de la R. Mère, il ne put venir
que son petit-neveu, le Père Jacquinot, en

résidence à la maison des R. Pères Jésuites de Canterbury. Son séjour, bien court cependant, nous donna lieu de constater en ce jeune Père des vertus aimables et solides, qui durent réjouir dans le ciel la chère défunte qu'il vénérait.

Les funérailles étaient fixées au mercredi 30. Immédiatement on s'occupa des préparatifs. Le corps de la vénérée Mère fut transporté et exposé dans l'avant-chœur. Une multitude de personnes vinrent prier et faire toucher des objets à sa dépouille mortelle.

La chapelle fut tendue de draperies noires le long du chœur jusqu'à la grille de la nef. Dans le sanctuaire également, tout était drapé de noir, autour de l'autel orné de violet. Au-dessus du tabernacle, sur le fond noir se détachait une grande croix blanche. Le catafalque, plus élevé que de coutume, était entouré aussi d'un plus grand nombre de cierges. Le tout, simple, d'un goût exquis et sévère, s'harmonisait avec le deuil de tous les cœurs. La douloureuse cérémonie commença par la levée du corps le mardi à cinq heures du soir. Religieuses, enfants, quelques personnes du dehors, un cierge à la main, défilèrent toutes devant le cercueil ; lorsqu'il fut déposé dans la chapelle, commença l'office des morts à trois nocturnes. Le lendemain, à neuf heures et demie du matin, la messe solennelle de Requiem fut chantée par Monsieur le vicaire général Cardon, vénéré supérieur de la communauté. L'absoute fut faite par le second vicaire général, Monsieur le chanoine Brancourt. N'avait-il pas bien droit à ce privilège, celui qui, pendant neuf années avait été, en qualité d'aumônier de la Croix, le confident intime, le sage et dévoué conseiller de la R. Mère !

On voyait dans le sanctuaire grand nombre de prêtres et de messieurs de la ville. Le chœur et la nef étaient bondés. Tout ce monde voulut accompagner la chère défunte jusqu'à sa dernière demeure. Une douzaine de voitures suivaient celles de deuil. Enfants de la classe gratuite, de l'externat, du pensionnat, anciennes élèves, dames et jeunes filles de la ville et du dehors, avec leurs maris ou leurs pères ; religieuses de tous ordres ; enfin les Filles en pleurs de la vénérée défunte, formaient le cortège. Détail touchant ! deux des anciennes élèves, spécialement attachées à la Maison, **avaient revêtu le grand deuil des enfants pleurant leur mère** au jour des obsèques. Les autres suivaient. précédées de six pensionnaires voilées, portant une grande croix vernie qui supporte un beau Christ en fonte argentée ; c'est le don de leur amour filial et de leur gratitude.

La respectable et bien-aimée défunte repose dans notre cimetière de la maison de campagne nommée par elle *Saint-Joseph*. Un modeste monument lui a été élevé, devant lequel bien des prières et des larmes sont souvent répandues. Près de cette tombe, on écoute encore la chère défunte, on prie pour elle, on l'invoque aussi. Que sa protection maternelle et le souvenir de ses éminentes vertus couvrent toujours les générations qui se succèderont à l'ombre de la Croix! Qu'ils fassent croître en elles le désir d'être ses dignes enfants, en devenant et en restant de véritables Epouses de Jésus crucifié!

Aussitôt la triste nouvelle connue dans le département et en divers points de la France ou ailleurs, de toutes parts nous arrivèrent grand nombre de cartes, de lettres ou de télégrammes témoignant de la plus vive sympathie, des plus sincères regrets, d'éloges aussi profondément sentis qu'ils étaient vrais et mérités. Parmi toutes les dépêches reçues en ces jours de tristesse, une surtout nous toucha vivement; elle était ainsi conçue : « *Je suis avec vous de sympathie et de prières*

« A. V. DERAMECOURT,

« évêque de Soissons. »

Quel cœur, disions-nous, doit-être celui de notre futur évêque qui, ne nous connaissant pas, veut bien déjà s'associer à nos douleurs!...

Nous ne pouvons résister au désir de faire connaître à nos lecteurs quelques lettres ou fragments de lettres reçus en cette douloureuse circonstance. Ce serait d'ailleurs priver la chère et vénérable défunte d'une gloire qui lui revient à juste titre.

De ses enfants aux premiers échelons de la société, nous trouverons unanimité de regrets, de louanges et de vénération.

« C'est avec douleur que j'ai lu les détails de la mort de notre si bonne Mère! Oh ! oui, j'unis mes prières aux vôtres ; mercredi, j'entendrai la sainte Messe et communierai pour notre chère et vénérée défunte. Nous lui devons tout, ma sœur et moi! N'a-t-elle pas été une seconde mère pour nous ?..

« Je ne puis oublier que ma femme me parlait souvent de Mme Got, comme on parle de quelqu'un qu'on aime et qu'on admire. »

« Je ressens une grande peine de ne pouvoir accompagner à sa dernière demeure celle que j'aimais et vénérais. Quelle femme supérieure ! quelle sainte religieuse aussi ! »

« Le départ pour le ciel de notre chère et vénérée Mère Got est la récompense d'une vie pleine de grandes et bonnes œuvres dont le souvenir demeurera dans nos cœurs à toutes. Dieu nous avait déjà ravi, hélas ! la meilleure partie du cœur et de l'âme de cette sainte mère, sacrifice cruel pour qui l'avait connue dans la plénitude de sa belle intelligence et dans l'application constante de ses qualités et de ses hautes vertus ! Il a eu pitié de sa servante et l'a récompensée ; nous ne pouvons et en raison même de l'affection que nous avons eue pour elle, que nous en réjouir en Dieu ; mais la séparation est cruelle !... Je comprends et j'approuve l'idée que nos anciennes compagnes ont eue de perpétuer le souvenir d'une vie si pleine et si utile à tant d'âmes ! »

« Je ne puis que me joindre à vous de cœur et de prières ; cependant je dois vous avouer que ma première pensée a été de la prier plutôt que de prier pour elle ; cette bonne Mère a fait tant de bien dans sa longue vie ! Toutes ses anciennes élèves ont toujours conservé le bon souvenir de son dévouement, de sa bonté. »

« Ce qui m'a surtout frappée en Mme Got, c'est la grande bonté qu'elle témoignait à celles d'entre nous qui avaient des peines ; ma sœur et moi avons pu l'apprécier lors de la maladie et de la mort de ma nièce ; j'ai vu cette bonne Mère pleurer avec nous et nous donner mille témoignages de sympathie !

« Nos prières, nos communions, nos chemins de croix, tout, tout va être offert pour la bien-aimée Mère Got. Oh ! qu'elle repose en paix ! »

« Pour le cœur de toutes les anciennes

enfants de la R. Mère Got, sa fin est une véritable peine. Cette vénérée Mère a été aimée de toutes celles à qui elle a donné des marques si évidentes de sa sollicitude vraiment maternelle. Ai-je besoin de vous dire tous mes regrets et de vous assurer que je m'associe à vos prières. »

« La triste nouvelle de la mort de la bonne et bien révérée Mère Got ne m'a pas trop surprise. Hélas! c'est encore un grand cœur, une âme d'élite, une rare intelligence qui disparaît! Nous, anciennes, nous avons su l'apprécier pendant toute sa vie; nous pouvons bien la regretter vivement et sincèrement. Oui, pour nous dont elle a été la seconde mère dans toute l'acception du mot, c'est un grand chagrin!

« J'ai été bien émue en lisant sur la lettre de faire part de ce matin un nom bien cher à toutes les anciennes élèves de la Croix et à moi en particulier, à qui elle a toujours témoigné une vive tendresse vraiment maternelle. En songeant à mes années passées près d'elle, je ne puis ne pas songer en même temps à la reconnaissance que je lui dois. Je prie pour elle et je la prie; elle a conduit tant d'âmes à Dieu qu'elle a certainement auprès de Lui une bien belle place et son intervention doit être puissante! »

« Mme Got, par ses belles qualités, son grand cœur, s'était attiré l'estime, l'affection de tous ceux qui l'approchaient. J'avais pour elle une profonde vénération. Ses dernières années ont été l'oubli de la terre. Nous prions pour le repos de son âme, en est-il besoin? Sa vie a été toute de dévouement et de sainteté. Le ciel doit certainement être, dès à présent, son séjour. Demandons-lui de prier pour nous. »

« J'ai été bien peinée en apprenant la mort de notre bonne Mère, Mme Got. Cette mort, pressentie depuis longtemps, n'en est pas moins un coup douloureux. Quelle belle place cette sainte religieuse doit avoir dans le ciel, après une si longue vie, employée entièrement au service de Dieu! Que de bien! que de services rendus à cette belle congrégation dont elle a été la Supérieure générale pendant de si nombreuses années.

« Je m'unis aux prières qui sont faites pour cette si bonne et regrettée Révérende Mère! Elle a tant travaillé pour la gloire de Dieu et pour le bonheur des enfants qui lui étaient confiés! Sa vie si bien remplie mérite d'être connue et nous la lirons avec bonheur, nous qui l'avons appréciée et aimée. Son souvenir sera toujours présent à mon esprit et à mon cœur. Ne ferions-nous pas bien de la prier?...

« Nous nous rappelons toutes quel esprit vif et charmant avait notre vénérée Mère; combien elle était bonne et bienveillante pour tous; elle m'en a donné plus d'une preuve, surtout une année où je fus assez souffrante ; comme elle me dorlotait !

« Quand je fus sortie de pension, j'allais souvent la voir et, jeune fille ou jeune femme, je fus toujours parfaitement accueillie. Je crois qu'elle avait un petit faible pour les plus anciennes élèves de la maison ; dans une de ses lettres, elle m'appelait : *Ma chère enfant du temps passé...* Ses plus beaux titres de gloire, c'est tout le bien qu'elle a fait à la Maison et qui est considérable. Quelle activité, quelle entente des affaires ! Elle était merveilleuse et l'on peut dire que la Croix lui doit la plus grande partie de sa prospérité. Avec tout cela, qu'elle était humble ! Au moment où l'on fêta sa cinquantaine, elle me dit quelques jours après : « Ah ! ma chère enfant, je me « serais bien passée de tous ces honneurs-là ! » Ils lui étaient bien dus cependant et Dieu sait avec quel entrain chacun prit part à cette fête de famille ! Le bien qu'elle a fait rejaillira sur toutes celles qu'elle a dirigés avec tant de zèle, une si haute intelligence et un si grand dévouement ! »

Nous sommes autorisées à transcrire ici un fragment de lettre d'une ancienne élève, aujourd'hui sans fortune, après avoir joui d'une belle position. La R. Mère Got l'avait engagée, aussitôt son mariage, à s'initier adroitement aux affaires, à pouvoir se rendre compte du budget de la famille. « *Vous y arriverez en essayant par tous les bouts,* lui disait la bonne et sage mère, *mais, croyez-moi, il faut y arriver ; c'est une base sur laquelle s'appuiera la durée de votre bonheur en ménage.* »

« Ces paroles, écrit la pauvre mère de famille, retentissent, hélas ! trop tard, dans ma vie si éprouvée ! J'aurais dû en tenir compte avec ténacité, lorsque je les entendis, il y a une vingtaine d'années. « *Allons, allons,* ajoutait Mme Got, *vouloir, c'est pouvoir et c'est tout de suite, qu'il faut vouloir.* » Nouvellement mariée, j'étais en compagnie d'une jeune femme, ancienne élève de mon temps. Nous écoutions : *Une femme, si jeune qu'elle soit, a autorité pour obtenir de son mari d'être mise au courant de ses affaires, d'avoir le droit de pénétrer dans son bureau, d'y regarder ses livres; mais pour cela, dès les premiers jours de son mariage, elle doit se montrer sérieuse; prouver qu'elle a du jugement; qu'elle peut, à l'occasion, donner un bon conseil. Elle doit s'occuper le moins possible de futilités; demander avec prudence à son mari connaissance du budget affecté aux dépenses du ménage, afin de pouvoir régler sa dépense personnelle sans mériter jamais aucun reproche, non seulement de vos maris qui sont jusqu'à présent, heureux de vous voir élégantes; mais surtout de vos consciences formées à la Croix et que vous devez toujours écouter. Vous deviendrez alors les confidentes de vos maris, presque à leur insu, étonnés qu'ils seront de trou-*

ver en vous des femmes de bon conseil. »

« Hélas! que n'ai-je suivi des avis aussi sages que maternels! Absorbée bientôt par mes devoirs de maîtresse de maison, par les soins à donner à mon enfant, par une vie mondaine, j'oubliai peu à peu les paroles de Madame la Supérieure, pour ne me les rappeler qu'une dizaine d'années plus tard, alors qu'il n'était plus temps *d'essayer par tous les bouts,* puisque mon mari, accablé de charges qu'il n'aurait jamais acceptées s'il les avait discutées avec une *femme de bon conseil,* me répondait, alors que je voulais m'éclairer sur la situation : *Une femme intelligente ne s'occupe pas des affaires de son mari!...* Lui avais-je, par ma manière d'être, donné le droit de me parler ainsi? Je ne le crois pas; aussi cette réponse me donna tout à craindre et je dus vivre des années dans l'anxiété, presque dans l'inconnu, jusqu'au jour où mon mari, trahi par la fortune, dut se résigner à me laisser voir la triste vérité!

« Si je rapporte ces choses, c'est afin qu'elles servent de leçon à mes jeunes sœurs de la Croix, arrivant confiantes et pleines de bonne volonté au jour de leur mariage; espérant qu'elles réussiront, mieux que moi, à mettre en pratique les sages conseils de Mme Got qui nous prédisait, si nous suivions ses avis, une satisfaction bien douce, *celle de voir clair à notre situation; de pouvoir, chaque année, faire la part des pauvres et jouir d'une paix calme et profonde, en marchant bien unies aux siens, dans cette vie de famille où l'on ne doit avoir rien de caché l'un pour l'autre.* » Ce sont ses propres paroles.

Une des plus touchantes lettres nous est venue d'une ancienne élève atteinte par des revers de fortune. Son obole y était jointe, qui a le même prix aux yeux de Dieu et aux nôtres que celle de la veuve de l'Évangile. Les sentiments nobles et délicats l'accompagnent; qu'on en juge :

« La pauvreté est doublement pénible quand elle prive le cœur de ses consolations les plus légitimes... Oui, il m'a été bien douloureux de ne pouvoir me joindre à mes anciennes compagnes pour suivre à sa dernière demeure notre regrettée et vénérée Mère! Dernièrement les Enfants de Marie m'appelaient encore à un service solennel et renouvelaient ainsi en moi le plus vif des regrets. Mais leur lettre contenait aussi l'espoir de voir imprimée la Vie de la R. Mère Got... Oh! alors n'y tenant plus, je viens, sans fausse honte, apporter une toute petite obole à cette belle œuvre... il m'en coûterait trop de m'exclure complètement de ce qui me touche tant et de passer pour une indifférente! Si vous saviez quels vifs, quels profonds sentiments j'ai conservés au fond du cœur pour la Croix et pour mes bonnes Mères! Comment pourrait-il en être autrement? De tous les biens que j'ai perdus, seul, il me reste ce que je tiens de mon cher pensionnat : une bonne éducation et quelques talents. Ceux-ci me permettent d'aider mon mari à entretenir une nombreuse famille; celle-là m'a donné la force d'accepter chrétiennement l'adversité et de porter dignement une pauvreté dont nous n'avons pas à rougir. Si mes fils sont sages, si mes filles sont des anges de piété, ce résultat n'émane-t-il pas encore des précieuses leçons que j'ai reçues à la Croix? Comment la reconnaissance ne survivrait-elle pas dans un cœur qui doit ses seules consolations à de si inestimables bienfaits? Oh! oui, qu'on lui consacre de belles pages à cette bonne et si vénérable Supérieure; que l'on sache combien sa mission ici-bas a été belle et noble; que l'on comprenne ce qu'a de sublime une vie qui se consacre à l'éducation chrétienne et quels biens en découlent!... Pour soulager mon cœur, je prie pour celle que nous pleurons, mais avec la certitude que le bon Dieu a déjà récompensé son dévoûment et ses labeurs. »

En face d'une autre lettre encore, nous nous disons : « Vraiment, le bon Dieu ne nous en voudra pas d'être fières d'avoir formé de telles enfants ; d'ailleurs, n'est-ce pas Lui qui nous aide chaque jour dans notre tâche laborieuse ?

Lisons ces lignes, adressées à la R. Mère actuelle :

« C'est avec le plus religieux attachement que je vous suis unie ce matin pour prier et pour pleurer la si vénérée Mère, partie dans le sein de Dieu pour recevoir son éternelle récompense ! Cette grande existence en s'éteignant, ravive au cœur de ceux qui l'ont tant entourée de pieux respect et de sainte affection, tous les beaux exemples et les touchants souvenirs de son édifiante et noble vie religieuse. Cette Mère vénérée avait personnifié dans tous les actes de sa vie le type de la femme forte, à l'âme virile, mettant au service de Dieu et de la congrégation les qualités transcendantes de sa haute intelligence et de son tendre cœur; sa chère mémoire sera toujours pieusement honorée dans cette sainte Communauté de la Croix qu'elle avait élevée à un haut prestige et que de nouveau elle vous lègue avec confiance, ma Révérende Mère, pour en perpétuer les belles traditions, vous assurant de son crédit auprès du divin Maître pour vous soutenir et vous bénir, vous sa digne imitatrice. Mère compatissante à mes douleurs, dévouée et fidèle dans mon épreuve, consolatrice de ma vie brisée, ma vénérée Mère Got a été tout cela pour moi, depuis les jours de ma plus tendre jeunesse anéantie dans la douleur! Elle m'a attachée à la Croix en m'y attirant pour y trouver les secours et les affections saintes, m'aidant dans une voie douloureuse. Et à ce souvenir, se joint aussi celui des anciennes Mères qui ont vécu plus spécialement de la vie de leur vénérée Mère Got, et dont la douleur de la perdre se fait sensiblement sentir. Leurs noms sans oubli sont gravés dans ma reconnaissance avec celle que je voue à notre vénérée Mère; veuillez leur exprimer tous mes sentiments de filial et reconnaissant attachement en Jésus crucifié! »

Un capitaine écrit :

« J'ai eu l'avantage de connaître Mme Got avant sa retraite; je l'ai appréciée. J'ai toujours entendu louer ses vertus par ma mère et ma tante; je comprends l'étendue de votre peine et je m'y associe. »

La lettre suivante est d'une ancienne élève de la R. Mère Got, aujourd'hui Sœur de charité :

« Ma Révérende Mère,

« Avec toute votre famille spirituelle, je suis de cœur près de la dépouille mortelle de notre Révérende et vénérée Mère Got. Quelle riche et abondante moisson elle a dû offrir à son divin Époux! Quel accueil elle a dû en recevoir après une si longue et si belle vie passée à son service! Que de grâces elle va vous obtenir, elle qui sait combien la charge qu'elle vous a laissée est laborieuse et demande un dévouement sans bornes, une sollicitude de tous les instants. Bien que j'aime à espérer qu'elle jouit déjà de la récompense promise par N. S. à ses fidèles Épouses, demain la messe de communauté sera pour cette bonne mère; nous aurons le bonheur d'y faire toutes la sainte communion pour sa chère âme, à laquelle je dois une si profonde reconnaissance! »

Une autre religieuse s'exprime ainsi :

« L'épreuve est venue visiter votre chère communauté en vous enlevant la vénérable Mère qui longtemps a su si parfaitement la diriger. Je voudrais pouvoir vous exprimer comme nous la ressentons, toute la part que nous prenons à votre douloureux sacrifice, ainsi qu'à celui de toutes les âmes qui ont connu et aimé cette bonne Mère, bien appréciée je le sais. Combien n'ai-je pas été autrefois près d'elle pour le seul plaisir de la voir et de l'entendre! »

Une supérieure de communauté envoyait ces lignes :

« Nous nous associons au deuil dont votre communauté vient d'être frappée par la mort de la vénérée Mère Got qui en a été l'âme et la mère pendant de longues années. Aux mérites de son dévouement actif, de son infatigable zèle, se sont joints les sacrifices de ses dernières années. Après avoir fourni une longue carrière, elle vient de s'éteindre; mais sans nul doute, pour revivre dans la paix et la gloire du Dieu qu'elle a servi de tout son cœur. »

« Je suis peiné de la mort de votre digne Mme Got, écrit un prêtre qui l'avait bien connue; oh! la Croix! c'est bien votre vie et votre devise!... Si Dieu prend les branches-mères, cette taille rajeunit le grand arbre et le fortifie davantage. Qu'Il inspire et bénisse toujours vos entreprises; qu'Il grandisse vos Maisons, couvre l'arbre de la Croix d'une nuée d'oiseaux que vous saurez enchanter et préparer pour les épreuves de la vie! »

Monsieur le supérieur de la communauté, qui allait venir présider les obsèques, s'était fait précéder de ce bon petit mot :

« Tout en pleurant son départ, nous ne pouvons que bénir Dieu qui a mis fin aux souffrances de la très digne, très méritante Révérende Mère Got. Au ciel, elle jouit de la présence et de l'amour de son Jésus qu'elle a si bien aimé, servi, fait aimer et servir en ce monde. Sur la terre, elle ne cessera pas de vivre dans le souvenir aimant de ses chères Filles de la Croix et des nombreuses familles qui l'ont connue. Sa longue vie de dévouement, de fidélité à la Règle, restera comme un exemple encourageant pour toutes. Les services de toutes sortes rendus par elle à la Congrégation seront l'objet d'une reconnaissance que les années n'effaceront jamais ! »

De son côté, Monsieur l'aumônier de la Croix de Soissons écrivait :

« Très souffrant depuis plusieurs jours, il me sera impossible de me rendre au service de la digne et vénérée Mme Got. Veuillez agréer mes vives condoléances pour ce deuil qui vous atteint toutes.

« Pendant de très longues années, Mme Got s'est dépensée sans compter, pour sa chère congrégation et elle a fait beaucoup pour elle. Sa disparition, si elle est un peu adoucie par la cruelle épreuve de ces dernières années, n'en est pas moins sensible à celles qu'elle a aimées et soignées, comme une mère juste, bonne et vigilante. Je joins toutes mes prières aux vôtres. »

Un saint prêtre, qui avait été à même de la voir en maintes occasions, écrivait à une personne qui lui demandait son appréciation sur la R. Mère Got :

« Ce que je puis vous dire, c'est qu'elle était une femme supérieure comme intelligence, d'une énergie virile comme caractère, d'une prodigieuse activité dans tous les détails du gouvernement de sa grande famille religieuse, d'un jugement sûr et droit dans l'appréciation de ses sujets pour les diverses fonctions à distribuer, et surtout d'un rare esprit de foi et de dévouement; en un mot un parfait modèle de la vie religieuse, digne d'être proposé à l'imitation des âmes qui veulent se donner à Dieu. »

Un prêtre, de nation étrangère, répond à une religieuse : « La nouvelle du décès de l'ancienne Supérieure générale, bien que n'ayant rien de surprenant, a néanmoins bien ému mon cœur. Donc elle n'est plus! la femme forte, la femme chevaleresque! Il est brisé, ce cœur sans peur et sans reproche! Cette âme aux mâles vertus est allée au paradis! Qu'elle y soit la protectrice de votre Congrégation; qu'elle y prenne en main les intérêts de sa fondation de prédilection, de la maison de La Louvière ! L'œuvre à laquelle elle a consacré toute son énergie, toute son intelligence, est assurée pour la durée des siècles... Que l'esprit dont elle était animée y règne à jamais et s'y développe encore davantage ! »

Nos seigneurs les évêques qui l'avaient tant estimée, admirée même, l'ont précédée dans le bienheureux séjour. Leurs témoignages nous eussent été bien précieux... Sa Grandeur Mgr Mignot, nous a envoyé les lignes suivantes :

Fréjus, 30 mars 1898.

« Madame la Supérieure,

« Laissez-moi vous dire la part que je prends au deuil de la Communauté. Certes la vénérable Mère Got avait bien et pleinement rempli sa mission ; elle avait réalisé ce que Dieu avait demandé d'elle, sa couronne était prête. Cependant ce n'est pas sans

20.

émotion ni sans regrets que l'on voit partir, même pour le ciel, ceux qui ont été les premières colonnes du temple spirituel. Je m'associe à cette épreuve, d'autant mieux que la regrettée défunte me rappelle tout un monde qui disparaît peu à peu. Il est vrai que les œuvres de Dieu ne meurent pas; qu'elles s'accroissent des bénédictions de ceux qui s'en vont les premiers. »

« Agréez, Madame et Révérende Mère, l'expression de mon religieux dévouement.

« † E. I., Évêque de Fréjus. »

Une carte venue de haut, nous a touchées.

« *Le Cardinal Langénieux*
Archevêque de Reims,
a pris part au deuil de la famille religieuse et promet ses prières pour la vénérable défunte. »

Un mois après le décès de la R. Mère Got, la communauté se préparait à faire célébrer le service du bout de mois en usage, quand elle fut devancée par les reconnaissants et généreux désirs des anciennes Élèves, Enfants de Marie.

Elles vinrent demander qu'un service le plus solennel possible, fût célébré à leurs frais pour le repos de l'âme de la chère Révérende Mère Got. De plus, elles exprimèrent un vif désir de voir publier sa Vie et voulurent contribuer à cette œuvre de gratitude et d'édification, en souscrivant elles-mêmes et en envoyant à toutes les anciennes élèves de la Croix la circulaire suivante :

« Madame la Présidente et les Conseillères des Enfants de Marie, anciennes Élèves de la Croix de Saint-Quentin, vous prient d'assister au service solennel qu'elles feront célébrer le mercredi 27 avril, à 10 heures et demie, dans la chapelle du Couvent pour le repos de l'âme de

Madame Caroline Got,
ancienne Supérieure générale.

« La Communauté a l'intention de faire imprimer la Vie de la R. Mère Got. Plusieurs anciennes Élèves ont manifesté le désir de concourir à cette œuvre, en témoignage de leur gratitude envers leur ancienne Mère. »

Suivent les signatures de la Présidente et des Conseillères.

Bon nombre de dames et de jeunes filles, nos anciennes et toujours chères enfants, se sont montrées fort généreuses.

Le service a été aussi solennel qu'au jour des funérailles; le sanctuaire était encore tout tendu de noir.

L'après-midi, à deux heures, celles des anciennes élèves qui étaient libres , se sont rendues avec bon nombre de religieuses, en voiture, et le pensionnat, près de la tombe de la vénérée Mère, aimant à unir leurs prières pour elle et à s'entretenir de ses vertus.

Peu de jours après, la communauté a fait

dire une nouvelle messe de Requiem pour sa bien-aimée Supérieure défunte. Un grand nombre de messes basses seront dites à son intention, ainsi que d'autres prières de Règle.

Le jour de la petite distribution des prix était arrivé; il ne pouvait ressembler aux autres, puisque pour la première fois, la R. Mère Got n'y était plus! On voulut lui payer un dernier hommage public, en consacrant le discours d'ouverture à sa mémoire bénie. La jeune fille qui le lut disait en terminant :

Des triomphes, des prix! tout doit chanter, sourire...
Hélas! d'un luth brisé, quels seraient les accords!
Sous l'aquilon d'hier, il gémit et soupire...
Ce dernier son plaintif vient mourir sur nos bords...
Écoutons... ses échos tremblent comme des larmes;
Ils vibrent encore, oui, pour peindre la douleur,
La douleur du chrétien, fier blason, riches armes,
    Où brille la Croix du Sauveur !

Entendez-vous perler ces notes douloureuses
Sous mes doigts frissonnant au souffle de mon cœur,

Lorsque naguère encore, elles glissaient joyeuses,
Ardents échos d'amour, en des jours de bonheur !
Ah ! des pleurs aujourd'hui, des pleurs sur une Mère,
C'est son plus bel éloge, au silence éloquent...
La louerait-elle donc, ma parole éphémère ?
    Il me faudrait trop de talent.

C'en est fini ! adieu, fêtes bien-aimées de la Saint-Charles où nous lui chantions avec tant d'amour :

O Mère pleine de tendresse,
        Nos vœux, nos fleurs,
        Disent sans cesse :
Mère, ta couronne est ailleurs,
Mais à toi, sont ici les cœurs ! (*bis*)

Auprès de toi, Mère chérie,
Vois tes enfants se réunir.
Lis-tu, dans leur âme attendrie
Ce qui ne peut se définir ?
Leur tendre amour, leur vive gratitude,
Leur vœux ardents, leurs souhaits de bonheur !
Oh ! oui, toujours de ta sollicitude
Le souvenir vivra dans notre cœur.

Écoute, écoute, ô bonne Mère !
Entends les échos Soissonnais,

Ceux de l'Ornain, de La Louvière,
De Boscombe... si purs, si frais !
En tous ces lieux, les cœurs ont pris des ailes,
Ils sont ici, près de nous en ce jour.
Échos lointains, venez mourir fidèles,
Redisant tous l'hymne de leur amour !

En un autre quatre novembre, la fille d'une ancienne élève lui chantait avec tout son cœur :

Ici je sus bientôt me plaire
Et goûter encor le bonheur.
Je trouve dans une autre Mère,
Chère Maman, ton noble cœur.
Elle a vite fait ma conquête ;
Joyeuse, je bondis ce soir :
Je l'aime, et tout ici la fête !
D'un doux baiser, j'ai bien l'espoir,

Hélas ! crainte de lui déplaire,
Je suis condamnée à me taire...
Si je parlais de ses vertus,
Elle ne m'embrasserait plus !

En 1892, la R. Mère ne voulait déjà plus qu'on la fêtât. On lui répondit :

En vain, **Mère** toujours chérie,
Ne voudrais-tu ni chants ni fleurs,
En cette heure à jamais bénie,
C'est encor fête pour nos cœurs.
Ne sais-tu pas qu'à la reconnaissance
Tous tes bienfaits font appel chaque jour?
Et tu voudrais nous imposer silence!
Laisse l'essor à tous nos chants d'amour.

Avance, ô riche moissonneuse,
Sous le faix de tes gerbes d'or !
L'Époux divin t'estime heureuse
Et sourit, voyant ton trésor.
Si tu portes **la** couronne d'épines,
Réjouis-toi : Dieu sait se souvenir !
Plus tard, viendront joie et splendeurs divines...
Il sera là, Mère, pour te bénir!...

Douce prophétie devenue consolante vi-
sion!... Ce n'est plus un adieu c'est un au
revoir, Mère chérie et vénérée!... Chaque
jour, nous vous bénissons, nouvel Élie, d'a-
voir laissé à un autre Élisée le manteau de
vos vertus, de nous avoir donné pour nous
aimer et nous guider encore, un cœur héri-
tier du vôtre. Vous vous survivez ainsi. Par

l'ineffable délicatesse d'une de vos enfants les plus aimées, bien digne aussi de votre affection, votre image chérie vous fait revivre sous nos yeux; elle nous parle, elle nous protège, elle nous entraîne sur vos traces, vers le Ciel!

Une autre vient de solliciter comme une faveur inestimable, qu'on veuille bien lui envoyer une photographie exacte de la R. Mère, afin qu'elle puisse en reproduire les traits au pastel. « Ce serait pour moi, dit-elle, un vrai bonheur de rendre ce dernier hommage à cette vénérée Mère, de faire revivre ses traits aimés dont je me souviens si bien! »

O Mère, nous vous avons suivie du berceau à la tombe : là, notre lyre reste brisée, notre plume muette; seuls votre souvenir, vos vertus, nos cœurs parlent encore, parleront toujours!...

Déjà, depuis votre départ pour le Ciel, vous nous avez obtenu des grâces signalées;

votre ombre plane sur la Croix; qu'elle la rende de plus en plus prospère et digne de vous! Mère bien-aimée, à genoux, nous vous le demandons, bénissez-nous!

TABLE

Pages.

9 782329 510286